ASÍ
SE SOMETE A
UNA SOCIEDAD

MAR ESPAÑA

ASÍ SE SOMETE A UNA SOCIEDAD

Cómo mantener el equilibrio
y nuestras libertades en un mundo digital

Rocaeditorial

Penguin
Random House
Grupo Editorial

Primera edición: mayo de 2025

© 2025, Mar España
© 2025, Roca Editorial de Libros, S. L. U.
Travessera de Gràcia, 47-49. 08021 Barcelona
Gráficos: Grafime
Imágenes de las pp. 138 y 160: © Shutterstock

Printed in Spain – Impreso en España

ISBN: 978-84-10442-48-1
Depósito legal: B-4627-2025

Compuesto en Grafime, S. L.

Impreso en Unigraf
Móstoles (Madrid)

RE 42481

A Javier y Nacho.
Al futuro consciente de la humanidad

ÍNDICE

INTRODUCCIÓN

De nosotros depende

La transformación digital que estamos viviendo como sociedad va mucho más allá de aspectos tecnológicos: está afectando a la economía, la política, la sociedad y la propia evolución y desarrollo de la humanidad.

Los nuevos avances tecnológicos como la inteligencia artificial, el internet de las cosas, el Big Data o la posibilidad de tratar los neurodatos han abierto nuevas oportunidades para el crecimiento de la economía y el bienestar humano y, por supuesto, un buen uso de estas herramientas contribuye al progreso de la humanidad.

Las ventajas son de sobra conocidas; sin embargo, de lo que hasta hace poco no se hablaba tanto es de los riesgos y las consecuencias a medio y largo plazo del impacto que esta digitalización masiva que estamos viviendo, especialmente en las grandes ciudades (para el 2050 se estima que el 70 % de la población estará en núcleos urbanos), está teniendo en la privacidad, la salud, el neurodesarrollo y nuestros valores éticos. En definitiva, en el futuro de nuestra sociedad.

Debemos decidir si apostamos por una humanización del uso de los servicios de internet o si, por el contrario, nos dejamos llevar por la inercia y así nuestro comportamiento, nuestras íntimas emociones y decisiones están cada vez más automatizados.

Este libro está dividido en varias secciones que, aunque diferentes, considero muy importantes a la hora de analizar y enfrentar los retos que tenemos delante. Por una parte, quiero aportar mi experiencia como directora de la Agencia Española de Protección de Datos durante más de nueve años, por lo que buena parte del libro irá dirigida al análisis de aspectos más técnicos y de carácter administrativo y legales. Sin embargo, no somos solo administraciones y no solo desde los poderes gubernamentales encontraremos el rumbo en el difícil panorama que tenemos delante: también somos personas, por lo que, con toda la humildad y coraje, expondré mi vivencia personal en mi propio crecimiento personal, a través de la práctica del yoga, el estudio y la experiencia durante años de psicología pre y perinatal, formación en neurociencia y *mindfulness* e investigación en contextos de salud.

Creo que, como seres humanos, cada uno tenemos una misión en la vida, que va mucho más allá y transciende nuestro propio bienestar, aparte del propio desarrollo personal consciente. La mía, aparte de los temas profesionales, la he tenido clara desde hace tiempo y es apostar por las bases de la salud en toda la sociedad en general y en particular desde la infancia y la juventud.

Durante este tiempo, he conocido a personas maravillosas, profesionales de la salud, del ámbito del derecho y la tecnología, así como de entidades sociales que trabajan cada día compartiendo este compromiso. Y también he tenido innumerables reuniones con la industria digital, a nivel nacional e internacional, y he podido constatar cómo los cambios para proteger y aumentar la seguridad de las personas suelen darse (salvo excepciones como la del canal prioritario que pusimos en marcha desde la Agencia Española de Protección de Datos) cuando son regulados o sancionados.

Pertenezco a una generación bisagra: nacimos cuando todavía no habían llegado ni la televisión ni internet a nuestros hogares, y hemos crecido adaptándonos al mundo digital. Pero tenemos una especial responsabilidad no solo sobre nosotros mismos, sino también sobre las generaciones venideras. También nosotros, las madres y padres que crecimos en el mundo analógico, hemos tenido momentos en los que no estábamos presentes cuando nuestros hijos nos necesitaban y espero que, a pesar de estos momentos de «desconexión», hayamos sido capaces de dejar un poso, una huella de seguridad en cada uno de ellos.

No se trata de un libro técnico dirigido a profesionales de la privacidad: mi objetivo es transmitir, con pocas palabras, el impacto que están teniendo los servicios de internet y el modelo de mercado digital en nuestra vida, en nuestra identidad como seres humanos y en nuestra sociedad, e indagar en cómo podemos mantenernos presentes en nuestra esencia, para poder vivir con libertad y desarrollar hábitos de higiene digital, imprescindibles si queremos tener una vida sana, plena y feliz.

Como plantea el filósofo Byung-Chul Han, «la inteligencia humana necesita de lo afectivo para su desarrollo. La comunicación digital elimina el encuentro personal, el rostro, la mirada, la presencia física. De este modo, se acelera la desaparición del otro. Todo, incluso uno mismo, se convierte en objeto de producción. En consecuencia, resulta imposible el enmudecimiento sagrado que nos eleva a la vida de la divinidad».

Una de las frases que se me han quedado grabadas para siempre la escuché de mi maestro de yoga: el viaje más corto, de más impacto y al mismo tiempo el más difícil, es el que implica apenas treinta centímetros: el viaje del cerebro al corazón.

Mi propósito con este libro es ayudar a concienciar a cada uno de los lectores para que tome decisiones sobre su propia vida que le liberen de la trampa de los algoritmos adictivos y de tener la mente siempre ocupada, oscilante y atraída hacia el consumo infinito. Estamos en un momento en el que este cambio es posible, ya que los Gobiernos y la industria pueden tomar decisiones, relacionadas con inteligencia artificial, con neuroderechos, que realmente apoyen nuestro desarrollo en investigación, salud, comunicación, etc.

Hace años, los adultos fumaban delante de los bebés, conducíamos sin ponernos el cinturón de seguridad o incluso habiendo bebido alcohol, y hoy, nuestra sociedad ha avanzado en valores éticos y sociales. Estoy convencida de que, dentro de unos años, veremos este cambio de paradigma en el consumo de los dispositivos digitales y los servicios de internet porque la fuerza de los derechos y nuestra propia humanidad y experiencia nos acompañarán en tomar las mejores decisiones en nuestras vidas, tanto de forma individual como en sociedad.

Nos estamos jugando la evolución de la esencia del ser humano y del modelo de sociedad que estamos creando entre todo el ecosistema del mundo digital. Una sociedad donde las personas estén sanas, con la mente en calma, en su eje y conectadas con su corazón y su propósito es una sociedad libre y consciente. De todos nosotros depende.

1
¿ANTORCHAS DE LIBERTAD?

El que compra lo que no necesita se roba a sí mismo.

Proverbio sueco

Nunca en la historia de la humanidad la oferta de bienes, productos y servicios a las personas ha estado tan accesible, las veinticuatro horas del día, con posibilidad de materializar ese deseo en cuestión de segundos, con independencia de en qué lugar del planeta se encuentre el producto. Vivimos atrapados por la atención involuntaria que nos lleva a desear todo lo que aparece en nuestras pantallas: una película, un like, el último producto... Cada vez más deseos, más insatisfacción y menos proyectos vitales, menos coherencia y salud en la sociedad.

Esta tendencia es efecto directo de la evolución del negocio de los servicios de internet y de cómo el mundo digital está impactando en nuestra psique y nuestra esencia más profunda.

Internet nació hace más de sesenta años, en la década de

1960, impulsada por la necesidad de una red de comunicaciones en el contexto de la Guerra Fría, pero tardó muchos años más en llegar a nuestras vidas. Al principio, su uso fue muy restringido y hasta 1983 no apareció el primer estándar que permitía que equipos de distintos fabricantes se pudieran comunicar entre sí.

Las primeras páginas web surgieron más tarde, en 1991, y también con un propósito muy limitado, abarcando únicamente el ámbito científico. Las páginas web fueron un invento europeo, y con esta innovación se aceleró la popularización y el desarrollo de nuevos productos y servicios.

A mediados de aquella década ya empiezan a popularizarse las empresas con dominios en internet (las llamadas puntocom), Google se funda en el 98 y su producto era el buscador. Con el cambio de siglo, las redes sociales comenzaron a aparecer: Friendster (2002), MySpace (2003) y Facebook (2004). Gmail surge en 2004 y Google Maps en 2005. La evolución de usuarios ha sido exponencial, como se puede ver en las siguientes tablas.

En paralelo, la telefonía móvil digital se desarrolla en Europa en los años ochenta y el primer servicio GSM (Global System for Mobile Communications) comenzó el 1 de julio de 1991 en Finlandia. Hay que esperar a 1999 para la primera conexión del móvil con internet. Pero la convergencia entre ambos no se produjo hasta 2007, con el lanzamiento del iPhone de Apple, el primer smartphone. Un año después, en 2008, apareció Android.

Plataformas de redes sociales favoritas (febrero de 2025)

Porcentaje de usuarios activos en redes sociales que dicen
que cada opción es su plataforma favorita

Nota: YouTube no está disponible como respuesta a la pregunta
de la encuesta de las que informan estas tablas.

Plataforma de red social favorita entre las mujeres que usan internet

Plataforma	Edad 16-24	Edad 25-34	Edad 35-44	Edad 45-54	Edad 55-64
INSTAGRAM	**24,8 %**	**20,8 %**	**16,0 %**	13,9 %	10,2 %
WHATSAPP	12,7 %	14,3 %	15,4 %	**17,3 %**	**21,1 %**
FACEBOOK	5,9 %	10,6 %	13,2 %	14,9 %	17,1 %
WECHAT	8,2 %	11,7 %	15,5 %	13,6 %	12,0 %
TIKTOK	15,5 %	11,3 %	7,8 %	6,9 %	5,0 %
DOUYIN	6,6 %	8,1 %	9,8 %	6,4 %	5,4 %
X	3,1 %	2,1 %	1,8 %	1,6 %	1,7 %
TELEGRAM	2,6 %	2,1 %	2,0 %	2,1 %	2,2 %
MESSENGER	1,7 %	2,5 %	2,5 %	2,7 %	3,0 %
LINE	0,5 %	0,8 %	1,2 %	2,6 %	3,5 %

Plataforma de red social favorita entre los hombres que usan internet

Plataforma	Edad 16-24	Edad 25-34	Edad 35-44	Edad 45-54	Edad 55-64
INSTAGRAM	26,6 %	18,4 %	11,7 %	9,4 %	6,1 %
WHATSAPP	14,1 %	14,7 %	17,3 %	19,5 %	21,9 %
FACEBOOK	7,8 %	13,5 %	14,7 %	16,4 %	17,5 %
WECHAT	8,2 %	11,8 %	16,0 %	14,4 %	14,4 %
TIKTOK	9,6 %	7,1 %	5,7 %	5,3 %	4,3 %
DOUYIN	6,5 %	8,5 %	8,2 %	6,8 %	6,6 %
X	4,2 %	4,6 %	4,0 %	3,8 %	3,3 %
TELEGRAM	4,0 %	3,2 %	3,2 %	2,6 %	2,5 %
MESSENGER	1,8 %	2,4 %	2,2 %	2,4 %	2,3 %
LINE	0,7 %	1,0 %	1,2 %	2,4 %	2,9 %

Fuente: Smart Insights. Resumen de la investigación de estadísticas globales de redes sociales 2025.

Esta innovación implicó mucho más que el desarrollo de tecnología. Precisó de acuerdos políticos, nuevos modelos de gobernanza, implicó el diseño y desarrollo de infraestructuras, y la creación de un nuevo tejido industrial, incluso antes de ponerse al alcance de los usuarios.

De esta forma se abrió un nuevo horizonte de posibilidades: cambios en el ámbito laboral, nuevos productos y servicios, nuevas formas de acceder a la información y comunicarnos entre personas, nuevas dinámicas sociales y políticas y, en definitiva, una nueva forma de economía: la economía digital.[1]

La monetización en internet

En los últimos treinta años, la forma en que se genera dinero en internet ha cambiado radicalmente. Desde sus inicios, como un espacio limitado a académicos y organismos de gobierno, internet ha evolucionado profundamente para convertirse en un entorno comercial global en el que se desarrolla una lucha por retener la atención continua de los usuarios en los distintos servicios para conseguir una monetización de los datos, cuya «parte del león» está en manos de un grupo de actores muy limitado. Estos actores, grandes proveedores de servicios y empresas del ecosistema del marketing digital, han creado un nuevo entorno para la relación entre los individuos utilizando las tecnologías digitales.[2]

La tecnología digital, como elemento habilitador, permitía,

per se, muchas formas diferentes de incentivar una economía digital, creando muchos tipos de ecosistemas distintos y muy positivos. Sin embargo, lo que se ha materializado al final es un ecosistema muy concreto, fuertemente basado en una utilización de técnicas de comunicación y psicológicas, que mantienen e incentivan el uso como un mercado cautivo para las personas y para el propio entorno comercial.

En primer lugar, se han creado entornos virtuales diseñados en muchas ocasiones para **incidir en los usuarios, en sus costumbres y en la forma de relacionarse con el entorno profesional y personal.** Estos entornos se han generado con el objetivo de asegurar que los usuarios inviertan más y más tiempo en los entornos digitales y en la recogida masiva de más y más datos monetizables, que se transforman en valor económico.[3, 4]

Las cifras de beneficios solo en monetización de datos podrían matizarse, pero un ranking aproximado de estos actores, según datos públicos, sería el siguiente:

- Google,[5, 6] con más de 300.000 millones de dólares de ingresos, de los cuales 48.000 son por publicidad.
- YouTube, ingresos de 9.200 millones de dólares, también por publicidad.
- Meta Platforms Inc. (Facebook),[7] con unos 135.000 millones.
- Amazon,[8, 9] con 28.000 millones de dólares.
- Apple,[10, 11] con 85.000 millones de dólares en servicios y publicidad.

- TikTok,[12] que se estima que generó más de 16.000 millones de dólares en 2023, de los cuales el 80 % procede de publicidad.
- Y otros como Microsoft o Twitter/X.

Tal vez hay otros actores (plataformas comerciales muy activas en internet)[13, 14, 15] que pueden estar facturando también sumas elevadas.[16]

La capacidad de generar ingresos a partir de datos es una cuestión que se asocia primordialmente al sector de la publicidad y del marketing.[17] Pero no hay que desdeñar que los datos generan información tanto de individuos concretos como de la sociedad, información que puede tener mucho valor para otros propósitos.[18]

En paralelo, se ha impulsado a introducir a empresas, creadores de contenido y emprendedores en su propio ecosistema para que les generen beneficios a cambio de un retorno: **tu iniciativa va a ser conocida por los usuarios, si no estás en mi plataforma no existes, porque he acostumbrado a mis usuarios a que mi plataforma es el mundo.**

De esa forma, las iniciativas consiguen un beneficio que, si se compara con el beneficio que obtienen los creadores del ecosistema, de hecho es realmente residual. Muchas pequeñas empresas, asociaciones, comunicadores y otras entidades han sido lanzadas a competir entre ellos en internet. Además, esa competencia no se basa en la bondad de sus productos ni de sus servicios.

Por ejemplo, las empresas creen estar convencidas de que tener que aparecer en los primeros resultados de los buscadores de internet es esencial para su negocio. El buscador es un entorno que en muchas ocasiones no refleja realmente los intereses de los usuarios, ni la calidad de las empresas, servicios o contenidos. Es el buscador el que selecciona los «ganadores» a ser mostrados a los usuarios, lo que puede deberse, entre otros factores, a que estos han invertido más en profesionales especializados en búsquedas (SEO, Search Engine Optimization).[19] De esta forma una empresa podría ofrecer el producto o el servicio ideal, y haber invertido mucho dinero en conseguirlo, pero si alguien quiere aparecer por encima en el resultado de las búsquedas de internet, podría hacerlo por cuestiones diferentes a la calidad del producto o servicio. Es cuestión de invertir más dinero.

Todo ello supone la generación de un nuevo gasto para las empresas productoras de bienes y servicios, no enfocado a mejorar la calidad de estos, y con un retorno de la inversión ni siquiera garantizado, ya que, aunque se haya invertido en estos servicios de marketing digital, si solo te da para salir en la segunda página de búsqueda, es como si no hubieras hecho prácticamente nada. Esto se debe a que, aunque al usuario se le ofrece la «libertad del supermercado»[20] (parece que puedes elegir entre varias opciones), dada la enorme oferta y el proceso de toma de decisiones de una persona tipo, en realidad se elegirá normalmente entre aquellas que el buscador o la web de compras te va a mostrar con carácter preferente (primeras búsquedas).

Todos hemos caído en la táctica de la zanahoria, impulsados a ganar nuestra pequeña recompensa para mantener la cooperación, el minuto de gloria en las redes generado por una venta, o escalar una posición más en el buscador aun cuando esta ganancia es mínima y el beneficio principal lo obtienen quienes gestionan todo el ecosistema. Las pequeñas recompensas iniciales tienden a reducir la percepción de la dependencia a largo plazo que ello genera.

Por lo tanto, podríamos decir que el entorno digital, concreto y singular que se ha creado tiene mucho de psicología y sociología además de tecnología.

La red de marketing, que incluye a los servicios de internet (la cara dirigida a los usuarios), tiene sus propios intereses, sus propios objetivos. Necesita que el usuario esté ahí, conectado, inmerso en internet, todo el tiempo, que ese sea su mundo y su única fuente de información.

Para ello se necesita a todos los usuarios, de todas las edades, tanto los presentes, como garantizar que estén los futuros. Y los futuros usuarios son los niños.

En este punto vale recordar el éxito de las grandes campañas del pasado. Como lo fue la emprendida por la compañía tabaquera Lucky Strike cuando abordó el problema de cómo aumentar el número de clientes en un mercado que ya estaba saturado, puesto que casi todos los hombres fumaban. Entonces, Edward Bernays ideó la campaña las «Antorchas de la Libertad», que se realizó en Estados Unidos en 1929. La campaña fue innovadora y audaz para su época, y su objetivo era normalizar y popularizar el consumo de cigarrillos entre las mujeres.

Edward Bernays era sobrino de Sigmund Freud y aplicó principios de la psicología y la sociología en sus campañas. Bernays bautizó a los cigarrillos como «Antorchas de la Libertad», lo cual evocaba la idea de liberación y modernidad y organizó un evento en la Marcha de Pascua de Nueva York, y durante el desfile de Pascua en la Quinta Avenida de Nueva York, en el que varias mujeres jóvenes de la alta sociedad, que él mismo había coordinado, encendieron cigarrillos en público y marcharon fumando.[21]

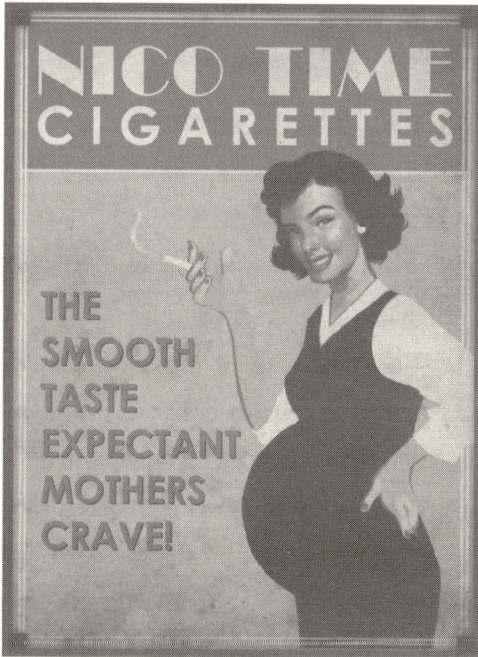

«El suave sabor que las embarazadas anhelan».

La perspectiva de una sociedad que ha madurado nos permite ver el inmenso perjuicio de dicha campaña publicitaria. No solo se estaba tergiversando la lucha por los derechos legítimos de las mujeres, no solo se estaba pervirtiendo la palabra *libertad*, sino que ahora nos damos cuenta de las terribles consecuencias para la salud de millones de mujeres, y de sus hijos, que padecieron dichas acciones, además del gran coste social que ha tenido para el sistema sanitario, de pensiones y en bajas laborales.

Ahora ya no se usa la expresión «Antorchas de la Libertad». Ahora se emplean otros términos, como *democratización de la tecnología* o *nativo digital*.

La economía de la atención

Desde el 2015, la publicidad basada en datos se consolidó como un componente fundamental del marketing digital. Las empresas comenzaron a reconocer el valor de los datos personales como un activo clave en la personalización de anuncios y en la maximización de la efectividad de sus campañas publicitarias. A medida que las plataformas digitales recopilaban una gran cantidad de información sobre los usuarios, incluyendo hábitos de navegación, preferencias de compra, interacciones en redes sociales y demografía, se crearon perfiles detallados que permitieron a los anunciantes segmentar su audiencia de usuarios de manera precisa.

Esta segmentación avanzada permitió a las marcas entregar

anuncios altamente personalizados y relevantes, aumentando las tasas de clics y conversiones. Importantes plataformas ofrecieron a los anunciantes herramientas sofisticadas de segmentación que podían identificar a los usuarios en función de su comportamiento en línea y sus intereses, lo que resultó en una mayor eficiencia en la inversión publicitaria.

Durante este periodo, el concepto de la economía de la atención se volvió cada vez más relevante. En un entorno digital saturado de información y contenido, la atención del usuario se convirtió en el recurso más valioso. Por ello, las plataformas digitales, desde redes sociales hasta servicios de *streaming*, compiten ferozmente por el tiempo y la atención de los usuarios, reconociendo que el tiempo que un usuario pasa en una aplicación o sitio web se traduce directamente en ingresos publicitarios.

Las empresas comenzaron a desarrollar estrategias centradas en capturar y mantener dicha atención. Para ello aplicaron de forma práctica la psicología del comportamiento.[22] En el contexto de internet, esta disciplina ayuda a comprender cómo los usuarios interactúan con las plataformas, qué factores influyen en sus decisiones y cómo responden a los estímulos digitales. Uno de los principios psicológicos más influyentes en la monetización en línea es el **concepto de refuerzo positivo**.

El refuerzo positivo ocurre cuando una acción tiene una consecuencia deseable, lo que aumenta la probabilidad de que esa acción se repita.

Este principio es explotado en múltiples plataformas digitales, desde redes sociales hasta juegos en línea. Este compromiso continuo, impulsado por el refuerzo positivo, puede convertirse en una oportunidad de monetización a través de suscripciones, anuncios o compras dentro de la aplicación.

En plataformas de redes sociales, el «me gusta», los comentarios y los seguidores actúan como refuerzos positivos. Cuando un usuario publica contenido y recibe una respuesta positiva, experimenta una gratificación inmediata que refuerza el comportamiento de crear y compartir más contenido. Esta mecánica psicológica es crucial para mantener a los usuarios activos y generar tráfico, lo cual se traduce en ingresos publicitarios para las plataformas. Más adelante veremos cómo estas pequeñas recompensas segregan dopamina en nuestro cerebro, activando nuestro sistema nervioso simpático.

Otro principio psicológico comúnmente explotado en la monetización en internet es el **efecto de la escasez**. Este principio sugiere que las personas valoran más algo que parece limitado o difícil de obtener. En el contexto del comercio electrónico, las tiendas en línea utilizan tácticas de «últimos en stock» u «ofertas por tiempo limitado» para crear una sensación de urgencia que motiva a los consumidores a realizar compras inmediatas. Esta técnica psicológica genera una respuesta emocional que minimiza la toma de decisiones racional, lo que aumenta la probabilidad de conversión en ventas.

Al mostrar el número limitado de unidades o la proximidad del fin de una oferta, las empresas logran generar una presión psicológica que puede impulsar al consumidor a actuar de manera impulsiva. También ofrecer recompensas atractivas a través de programas de lealtad o concursos motiva a los usuarios a participar activamente. La creación de contenido atractivo y relevante, el uso de algoritmos que optimizan la experiencia del usuario y la implementación de notificaciones *push* y recordatorios para mantener a los usuarios comprometidos son algunos de los métodos que utilizan para ello. El tiempo de uso se convierte entonces en un indicador clave de éxito; más tiempo en la plataforma significa más oportunidades para mostrar anuncios, generar interacciones y aumentar la monetización.

La economía de la atención también impulsó el crecimiento de nuevos formatos de contenido, como los vídeos cortos y el contenido efímero (historias de Instagram y Snapchat), que están diseñados específicamente para capturar la atención de los usuarios de manera rápida y efectiva. Como veremos más adelante, estas empresas tienen a su servicio a algunos de los neurólogos más competentes del panorama actual, e invierten millones al año en conocer nuestra psicología y en lograr engancharnos. Así se dieron cuenta de que los formatos efímeros (que han tomado el protagonismo en los últimos años) fomentan la interacción constante y el regreso frecuente de los usuarios a la plataforma, que además cuenta con interfaces fáciles e intuitivas.

En este contexto, los datos personales jugaron un papel crucial no solo para la personalización de anuncios, sino también para comprender cómo los usuarios interactúan con el contenido y con qué frecuencia. La recopilación y el análisis de datos sobre el comportamiento del usuario permitieron a las plataformas ajustar sus estrategias y mejorar la retención, maximizando así el tiempo que los usuarios pasaban en sus servicios.

Todo este modelo se puede resumir en una sencilla fórmula matemática:

$$\text{NEGOCIO} = \text{TENER AL MAYOR NÚMERO DE USUARIOS CONECTADOS EL MAYOR TIEMPO POSIBLE}$$

No es un problema de la tecnología

Muchas veces se ha dicho que la tecnología digital está ocasionando grandes problemas a las personas y especialmente a los menores. Esto es una media verdad.

Por un lado, echando la culpa a la tecnología se desvía la responsabilidad hacia un ente que es impersonal. Además, se le da un halo de inevitabilidad, de una fuerza cuasi natural a la que es absurdo resistirse. Más bien es al contrario: la ciencia y la tecnología son instrumentos de cambio y, por lo tanto, siempre permiten un cambio a mejor. Sin embargo, se podría haber diseñado un ecosistema muy distinto.

Por otro lado, puede haber un chantaje emocional: si la culpa es de la tecnología, ponerle freno es poner freno al progreso. O se hacen las cosas de una única forma «posible» o estaremos abocados al desastre, el retraso en la innovación y la pobreza.

La realidad es que innovar no implica únicamente generar tecnología nueva, sino aprender a gestionarla, educar en sus fórmulas de aplicación adecuada. Con una gestión adecuada de la tecnología y la ciencia, se puede conseguir todo: progreso, futuro y respeto para los derechos de todas las personas, especialmente de los menores, de una forma sostenible.

2
EL GRAN RECABLEADO

No puede haber mayor indicador del alma
de una sociedad que la forma en que trata a su infancia.
NELSON MANDELA

Para que podamos abarcar el profundo impacto que está suponiendo el uso masivo de las pantallas en las personas, es esencial que partamos de las dos etapas más sensibles en nuestro desarrollo.

¿Sabías que las tres etapas esenciales en el desarrollo del cerebro están relacionadas con la maternidad, la paternidad y la crianza?

Imaginemos nuestro cerebro como la construcción de una casa: cuando se pone el cemento, al principio está en estado semilíquido y lo que allí se marque queda solidificado para siempre.

Con nuestro desarrollo cerebral, ocurre algo parecido:

- La etapa más «líquida» y permeable es el embarazo y los dos primeros años de vida.
- Y la segunda etapa sensible es la adolescencia.

Cómo nos relacionemos con nuestro entorno en esos años va a dejar profundas marcas en nuestro comportamiento en la vida adulta.

Como señala Susana Carmona, existe una tercera etapa sensible, que se ha denominado *matrescencia*, ya que el embarazo produce a nivel hormonal y cerebral un impacto similar al de la adolescencia.[23] Este término alude a los cambios que se producen en el cerebro de las mujeres durante el embarazo y la crianza, que sufre una transformación. Pero no son las únicas, también se han observado cambios a nivel cerebral en los padres en función de su nivel de vinculación con los hijos durante la crianza.

Si a este neurodesarrollo le añadimos la hiperdigitalización que se ha vivido en nuestra sociedad tras la pandemia, que ha venido con sus grandes beneficios y también sus riesgos para quedarse, debemos ser conscientes de las etapas de mayor sensibilidad para poder construir cerebros sanos y fuertes en una sociedad digital que irá a más en las próximas décadas. Cuando hablo de cerebros sanos, hablo también de mente serena y estable.

Etapas en el desarrollo del cerebro

> Los niños y adolescentes de hoy no conocen
> el mundo sin tecnología digital,
> pero el mundo digital no fue construido
> para tener en cuenta el sano desarrollo mental de los niños.
> SANDY CHUNG, Academia Americana de Pediatría

El niño, y este término incluye a todas las personas por debajo de los 18 años, por su falta de madurez física y mental, necesita especial protección, como ya garantiza la declaración de Naciones Unidas de 1959 sobre los derechos del niño.

¿Por qué necesitan especial protección y son especialmente vulnerables? Por una razón muy sencilla: porque su cerebro aún está en desarrollo y es inmaduro. Están en plena fase de conexiones neuronales.

> «Las neuronas son las mariposas del alma».
> Ramón y Cajal

Es importante partir de las etapas claves en el desarrollo del cerebro. Para ello, empecemos por la más importante: **la infancia temprana**, los primeros mil días de vida.

¿Sabías que, de todos los mamíferos, somos los que nacemos con el cerebro más inmaduro, hasta el punto de que los médicos hablan de una «exterogestación», ya que, si el bebé naciera con una madurez similar a la de otros mamíferos, la pelvis de la mujer no estaría preparada para el parto? Hasta los 2 años, se forman nuevas neuronas y conexiones para alcanzar hasta cuarenta mil nuevas sinapsis por segundo. En función de la calidad y presencia del cuidado que recibe el bebé, se irá produciendo progresivamente una poda neuronal, de forma que las que no se usan irán desapareciendo y se irán reforzando las conexiones neuronales de las neuronas que sí se usan.

La Universidad de Harvard, a través del Centro para el Desarrollo de la Infancia, explica con claridad que la mayor plasticidad cerebral se da hasta los 2 años y va disminuyendo hasta llegar a los 30 años, edad en la que son necesarios mayores esfuerzos para realizar cambios en las conexiones neuronales:

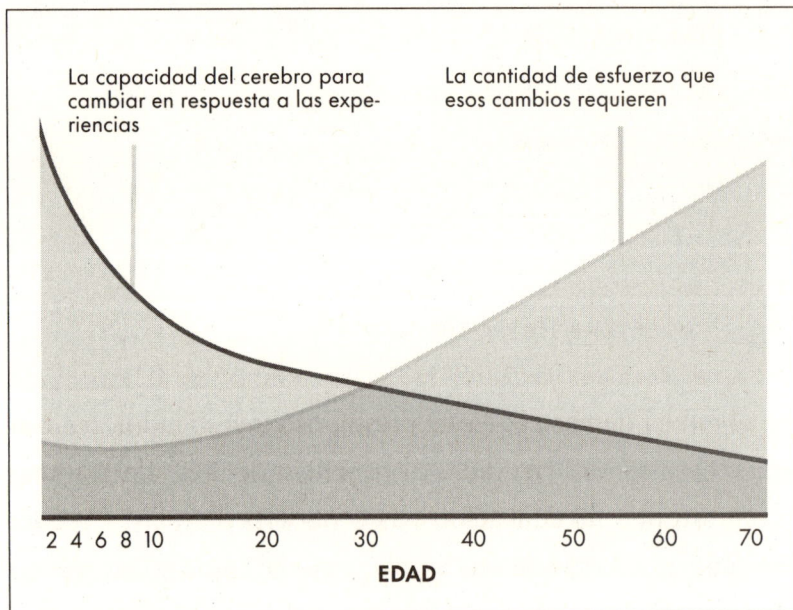

La capacidad del cerebro para cambiar en respuesta a las experiencias

La cantidad de esfuerzo que esos cambios requieren

2 4 6 8 10   20   30   40   50   60   70

EDAD

Fuente: Levitt (2009). Centro para el Desarrollo de la Infancia, Universidad de Harvard.

Esta etapa es tan importante que James Heckman, premio Nobel de Economía, ha demostrado que la tasa de mayor retorno de la inversión de las políticas públicas y sociales se produce cuando estas se implementan en el comienzo de la vida. Si puedes cambiar el comienzo, tienes la capacidad de cambiar la historia entera.

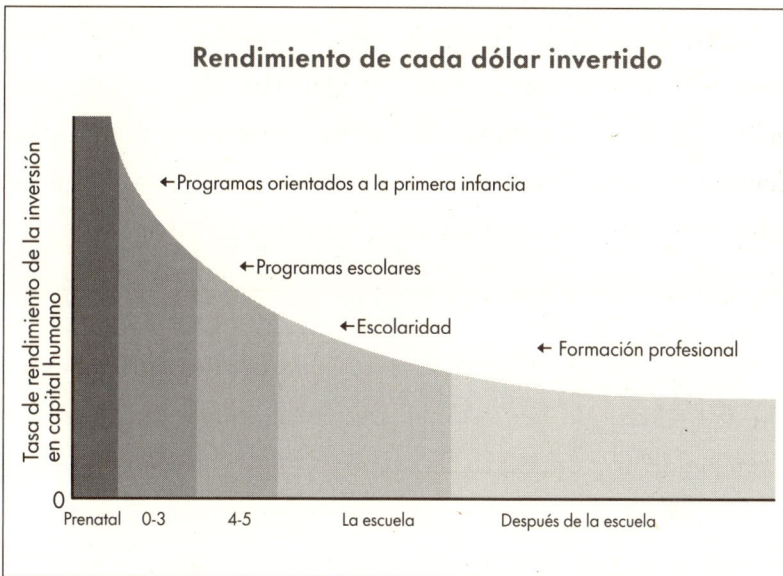

Rendimiento de cada dólar invertido

← Programas orientados a la primera infancia

← Programas escolares

← Escolaridad

← Formación profesional

Tasa de rendimiento de la inversión en capital humano

0

Prenatal   0-3   4-5   La escuela   Después de la escuela

Fuente: James Heckman. The Heckman Equation.[24]

Como ha demostrado este prestigioso investigador, realizar estas inversiones orientadas al beneficio de la población más joven fortalece la educación y la economía del país, y reduce los déficits, además de que ayuda a que se compensen más fácilmente las desigualdades sociales.

En el ámbito de la educación infantil, el objetivo sería

invertir en sensibilizar a las familias y en alfabetización digital, no invertir en pantallas y digitalización, que son dos cosas muy diferentes. En el primer caso, concienciamos a la población; en el segundo, estamos perjudicando su desarrollo saludable, con efectos a largo plazo en su vida adulta, cosa de la que, como se verá más adelante, algunos países ya se han arrepentido y están dando marcha atrás.

La segunda etapa que considerar es **la adolescencia**. Al llegar a la pubertad, la etapa de maduración sexual, la persona tiene el 50 % de las sinapsis presentes a los 2 años. Esto quiere decir que estamos ante el segundo momento vital de poda sináptica.

El cerebro no culmina su maduración hasta los 25 años aproximadamente, cuando termina de formarse el lóbulo prefrontal, responsable de la función ejecutiva y la autorregulación de la conducta. Por eso, la adolescencia es la etapa de mayor impulsividad y de falta de percepción de los riesgos y consecuencias de las acciones.

Además, es la etapa de desarrollo de la empatía, de construcción de la propia identidad, de adquisición de los valores éticos y morales, de establecimiento de patrones de comportamiento en las relaciones, la sexualidad, etc. En suma, de construcción de la propia identidad.

¿Entendemos ahora por qué el colectivo de la infancia y adolescencia es clave para los servicios de internet y las redes sociales? Cuanto antes sean «captados» en su atención y comportamiento en las redes sociales, videojuegos, pornografía, antes serán perfilados y más fácil será influir en su comportamiento y patrones de conducta, para así tenerles como clientes cuando ya sean adultos.

Sé que puede sonar impactante y, al mismo tiempo, siempre he defendido que debe haber claridad cuando se abordan temas cruciales como es este. **Podemos hablar del gran hackeo cerebral, nunca visto en la historia de la humanidad y que va a crear importantes consecuencias en la evolución del ser humano y de la sociedad.**

Efectos de las pantallas en la salud

> Mucho de lo que pasa en nuestra sociedad
> no es sano ni normal.
> GABOR MATÉ

Este consumo masivo está produciendo nuevos riesgos, tanto en la salud como en los comportamientos. Diferenciemos las implicaciones de la digitalización en las personas adultas de los efectos en la infancia y la juventud.

En la población adulta

La preocupación mundial por el uso problemático de internet y sus costos para la salud pública y la sociedad sigue aumentando. Se estima que entre el 10 y el 17 % de la población mundial está afectada por un uso problemático de internet. La adicción a internet tiene tasas alarmantes en distintos países, entre otros, Estados Unidos, China, Japón, en el conjunto de Europa, Australia y Reino Unido. La Organización Mundial de la Salud ha introducido varios diagnósticos en la Clasificación Internacional de Enfermedades (ICD-11), incluidos el trastorno del juego, el trastorno del comportamiento sexual compulsivo y otros trastornos no especificados debidos a comportamientos adictivos.

La mayor red de investigadores sobre el uso problemático de internet en el marco de la Acción de Cooperación Europea en Ciencia y Tecnología (COST), creada en el 2018, ha realizado un análisis sistemático sobre los avances científicos en este ámbito. En su informe destacan que los efectos de la pandemia del COVID-19 han puesto de manifiesto este problema, ya que el público ha llegado a depender en gran medida de internet para muchos aspectos de la vida cotidiana.[25]

Como señalan Cristina Domínguez Martín y otros en su informe *Revisión de los mecanismos implicados en el uso problemático de internet*,[26] existen determinados comportamientos, además del consumo de sustancias, que producen una recompensa a corto plazo que motiva que dichos comportamientos se perpetúen en el tiempo, a pesar de conocer las consecuencias adversas que de ellos deriven.

En este estudio, se analizaron las características comunes al uso excesivo de internet: la pérdida de control respecto a su uso y las consecuencias adversas: adicción conductual, impulsión y compulsión.

Esta es la media de tiempo de uso de pantallas en el mundo, según el estudio de Electronics Hub:

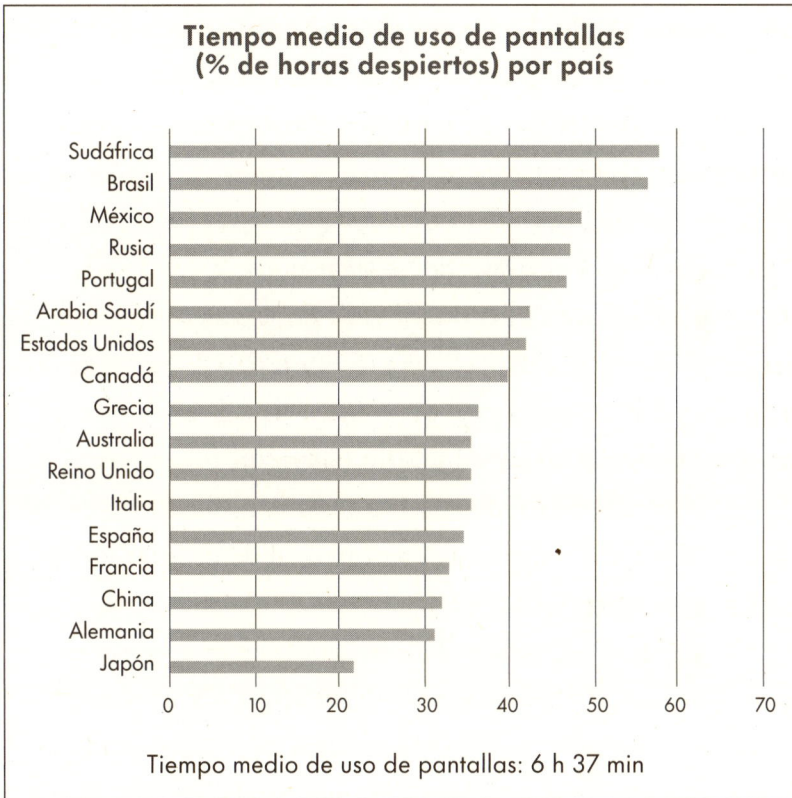

Tiempo medio de uso de pantallas (% de horas despiertos) por país

Sudáfrica	~57
Brasil	~56
México	~48
Rusia	~47
Portugal	~46
Arabia Saudí	~42
Estados Unidos	~42
Canadá	~40
Grecia	~36
Australia	~35
Reino Unido	~35
Italia	~35
España	~34
Francia	~32
China	~31
Alemania	~30
Japón	~22

Eje horizontal: 0, 10, 20, 30, 40, 50, 60, 70

Tiempo medio de uso de pantallas: 6 h 37 min

Fuente: Electronics Hub.[27]

En España, un 35 % de media de las horas en que estamos despiertos, las personas nos dedicamos a ver pantallas. ¿Crees que tú pasas menos tiempo o estás en la media? ¿O, peor aún, tal vez tu porcentaje es más alto?

¿Sabías cuántas veces miramos el móvil a lo largo del día? Según este estudio: ¡142 veces! ¿Realmente son necesarias tantas distracciones diarias para la mente? ¿Podrías decir cuántas veces miras el móvil a lo largo del día y tus horas de uso?

Antes de seguir

Te propongo que compruebes, a lo largo del día, cuántas veces tienes el impulso de mirar el móvil en un espacio de media hora y cuál era la motivación para hacerlo (acceder a redes sociales, servicios de mensajería, etc.). Escribe el número de veces y el objetivo y si realmente era importante o no. Veremos en el último capítulo cómo optimizar nuestro control y bienestar en este mundo digital. Si multiplicas este número por dos veces el número de horas en que estás conectado durante el día, tendrás tu media aproximada. Es importante conocer tu realidad para poder hacer cambios en ella.

Súmalo a la media de uso de otros dispositivos, como la tablet, el ordenador y la televisión, y quizá te sorprendas del porcentaje que dedicas a las pantallas cuando estás despierto o despierta.

¿Qué es la adicción? Según la RAE, es la «dependencia de sustancias o actividades nocivas para la salud o el equilibrio psíquico». Los investigadores destacan que, en el sentido tradicional, es una dependencia hacia una sustancia, actividad o relación y que en términos de impacto cerebral, demostrado a través de neuroimagen, se activan las mismas áreas cerebrales —relacionadas con la recompensa— que en la adicción a sustancias y la adicción conductual.

La característica fundamental de la adicción conductual es la incapacidad de resistirse al impulso o tentación de llevar a cabo un acto que es perjudicial para uno mismo o para los demás. Presenta un patrón repetitivo de conducta que interfiere en diferentes ámbitos de la vida.

¿Qué es la impulsión? Según la RAE, «el deseo o motivo afectivo que induce a hacer algo de manera súbita, sin reflexionar». En un estudio de Saphira y otros,[28] se describe que todos los individuos con uso problemático de internet cumplían criterios de DSM-IV[29] para trastorno de control de impulsos.

¿Qué es la compulsión? Según la RAE, es la «inclinación, pasión vehemente y contumaz por algo o alguien».

Stefano Pallanti y colaboradores concluyeron que los individuos con adicción a internet manifiestan síntomas obsesivos hacia el uso de internet, prefieren las interacciones a través de la red, la utilizan para «sentirse mejor», para aliviar los síntomas depresivos y para conseguir la excitación sexual.[30]

Fue el psicólogo Carl Young en 1996 el primero en publicar un caso detallado de uso problemático de internet y quien propuso una serie de criterios diagnósticos para definir la adicción a internet, basándose en los criterios diagnósticos de dependencia de sustancias del DSM-IV, porque estos pacientes también presentaban dependencia y privación. Definió la adicción a internet por una serie de pautas de comportamiento en relación con la conexión a la red: pensamientos recurrentes, necesidad de incrementar el tiempo de conexión y dificultad para controlarlo a pesar de considerarlo un problema; junto con el impacto o cambios en actividades cotidianas o en el estilo de vida que se producían en estos pacientes y que se caracterizaban por un deterioro en el ámbito profesional, familiar y social y en los hábitos saludables (cuidados de salud, actividad física y actividades del ciclo sueño-vigilia). Posteriormente, Young actualizó su definición, considerando el uso problemático de internet como una alteración en el control de la impulsividad, y por tanto una adicción conductual. El informe concluye que, en la actualidad, los mecanismos psicopatológicos más aceptados serían la impulsividad, la compulsión y la adicción secundaria.

Otros autores (Inmaculada Aznar Díaz y otros), en su artículo «Patologías asociadas al uso problemático de internet. Una revisión sistemática y metaanálisis en WOS y scopus»,[31] destacan que el uso problemático de internet ha empezado a vincularse con la predisposición a padecer ciertas patologías que afectan a la salud del ser humano. Entre los resultados destacan: el trastorno obsesivo-compulsivo, el abuso del alcohol, la depresión, el estrés, los trastornos del sueño, el déficit de control e hiperactividad y los trastornos alimenticios. Aunque el informe señala que la población con mayor riesgo de padecer este trastorno son los estudiantes universitarios junto con los adolescentes, la problemática adquiere un alcance global, puesto que la adicción a internet es un problema a escala mundial que afecta a todas las edades, con tasas alarmantes en distintos países y continentes. El estudio refiere que el uso problemático de internet afecta a:

- la salud mental;
- la depresión, baja autoestima y problemas de fluidez verbal;
- las distorsiones cognitivas, el sentimiento de soledad y aislamiento.

Como es mucho mejor prevenir que curar, que decían nuestras sabias abuelas, pasemos a saber en qué punto nos encontramos.

Test de adicción a internet
Escala de uso compulsivo de internet (CIUS)

❏ ¿Te resulta difícil dejar de usar internet cuando estás en línea?

❏ ¿Sigues utilizando internet a pesar de tu intención de dejar de hacerlo?

❏ ¿Alguien (tu pareja, hijos o padres) te dice que deberías usar menos internet?

❏ ¿Prefieres conectarte a internet en lugar de pasar tiempo con otras personas (como tu pareja, hijos o padres)?

❏ ¿Tienes falta de sueño debido al uso de internet?

❏ ¿Piensas en conectarte a internet, incluso cuando no estás en línea?

❏ ¿Piensas sobre la próxima vez que te vas a conectar a internet?

❏ ¿Crees que deberías usar internet con menos frecuencia?

❏ ¿Has intentado sin éxito pasar menos tiempo conectado a internet?

❏ ¿Te das prisa en tus actividades en el trabajo (o en casa) para conectarte a internet?

❏ ¿Descuidas tus obligaciones diarias (como trabajo, escuela o vida familiar) porque prefieres conectarte a internet?

❏ ¿Te conectas a internet cuando te sientes mal?

❏ ¿Te conectas a internet para escapar de tus penas o aliviar los sentimientos negativos?

❏ ¿Te sientes inquieto, frustrado o irritado cuando no puedes conectarte a internet?

Escala CIUS

Pregunta	Respuesta 1 puntuación	Respuesta 2 puntuación	Respuesta 3 puntuación	Respuesta 4 puntuación	Respuesta 5 puntuación
	Nunca	Rara vez	Alguna vez	A menudo	Muy frecuentemente
CIUS	0	1	2	3	4

Puntuación total: 56 puntos
Uso compulsivo de internet: ≥ 28 puntos
(Rooij *et al.* 2011 y Rumpf 2011)

Fuente: Ministerio de Sanidad. Plan Nacional de Drogas. Adicciones
comportamentales[32]

Si tus respuestas arrojan una puntuación mayor a 28 puntos, eso significa que estás haciendo un uso problemático de internet, por lo que el riesgo de acabar con problemas y consecuencias en tu salud es elevado. En este caso, mi recomendación es que acudas a un profesional de la salud para valorar la situación.

¿Sabías que, de cada diez minutos usando el dispositivo, utilizamos siete en redes sociales o viendo fotos y vídeos? Ya lo decía Albert Einstein, el tiempo es relativo... Y eso que él no conocía el scroll infinito.

¿Cómo podemos diferenciar un uso saludable de internet de uno patológico? Entre los principales resultados, el informe resalta la relación del UPI (uso problemático de internet) con trastorno del sueño, disfunción social, depresión, ansiedad, abuso de alcohol, fracaso escolar, sentimiento de soledad y depresión. La depresión es la patología más estudiada y con mayor vinculación con el uso problemático de internet.

Y esto tiene toda la lógica del mundo: cuando usamos de forma excesiva las pantallas, perdemos la tranquilidad y la quietud de la mente y la conexión real con nosotros mismos y los demás, como hablaré más adelante. Síntomas como los mencionados arriba son la respuesta a esa pregunta acerca de cómo diferenciar correctamente.

¿Sabías que el creador del *scroll* infinito,
Aza Raskin, confesó para la BBC en 2018
(doce años después de su creación) que se
arrepentía de haberlo hecho, ya que era una
dinámica muy adictiva y el usuario no llegaba
a procesar la información que leía?

El Ministerio de Sanidad ha alertado de que, en España, continúa la tendencia creciente en el consumo de hipnosedantes alguna vez en la vida, registrando en el estudio del 2023 el máximo de la serie histórica (un 23,5 %).

Como ha destacado el Consejo General de la Psicología de España, nuestro país lidera a nivel mundial el consumo de benzodiacepinas para la ansiedad.[33]

Prevalencia de consumo de hipnosedantes con o sin receta (%) y edad media de inicio en el consumo (años) en la población de 15-64 años
España, 2005-2022

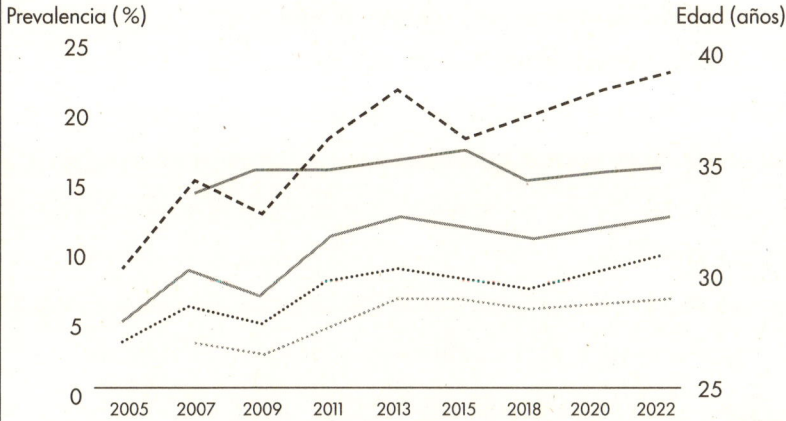

	2005	2007	2009	2011	2013	2015	2018	2020	2022
(- - -) Alguna vez en la vida	8,7	15,4	13,4	19,5	22,2	18,7	20,8	22,5	23,5
(——) Últimos 12 meses	5,1	8,6	7,1	11,4	12,2	12,0	11,1	12,0	13,1
(·····) Últimos 30 días	3,7	5,9	5,2	8,3	8,9	8,1	7,5	8,6	9,7
(·····) A diario o casi a diario en los últimos 30 días	—	3,1	2,7	4,6	6,8	6,0	5,9	6,4	7,2
(——) Edad media de inicio en el consumo	—	33,8	34,5	34,5	35,2	35,6	34,4	34,4	35,0

Fuente: OEDA, Ministerio de Sanidad. Encuesta sobre alcohol y otras drogas en España (EDADES). *Informe 2023. Alcohol, tabaco y drogas ilegales en España.*

«Es más fácil construir niños fuertes que reparar hombres rotos».
Frederick Douglass

En la infancia y la juventud

De acuerdo con la OMS, en todo el mundo, un niño se conecta a internet por primera vez cada medio segundo. Los menores pasan ahora más tiempo que nunca conectados. Nos enfrentamos incluso a menores y adultos víctimas de nuevos delitos y a menores que están cometiendo delitos sin tener siquiera responsabilidad penal, en gran parte, por desconocimiento.

¿Sabías que un reenvío de fotos sexuales mandado
sin el consentimiento de la persona afectada, que se
hace en décimas de segundo, es un delito?
Hay actos que pueden provocar el suicidio de la otra persona
y suponer responsabilidad penal, entre otras consecuencias.
Piensa, reflexiona, antes de actuar en internet y las redes sociales.

La Fiscalía General del Estado, en su Memoria de 2023, alertaba del alarmante **aumento en los últimos cinco años de las agresiones sexuales perpetradas por menores, un 116 %**. La Fiscalía señala que, si bien este incremento obedece a causas complejas y en él confluyen diversos factores, la falta de una adecuada formación ético-sexual y el **visionado inapropiado y precoz de material pornográfico violento** son los principales responsables.

Otro efecto importante derivado del uso de la tecnología digital y **vinculado a la pornografía es el de la violencia digital de género**.

El uso de las tecnologías para la relación, la información y la comunicación (TRIC) se encuentra asociado significativamente con casos de violencia sexual contra los menores de edad que afectan gravemente a su salud física y psíquica.

Se han hecho habituales ciertos comportamientos que implican **violencia digital** y de género como el **ciberacoso, el *sexting* o el *grooming***. También, la tecnología digital es empleada en ocasiones para controlar, acosar, humillar, extorsionar o atemorizar, y aunque todo ciudadano puede ser una víctima, los menores y las mujeres son el principal blanco de estas conductas. No se nos olvide tampoco el control y la monitorización de la pareja que se ejerce a través de los dispositivos electrónicos.

Explico brevemente estos nuevos delitos:

- **El *grooming* o embaucamiento:** acciones que lleva a cabo un adulto (agresor) a través de internet para ganarse la confianza de un menor (víctima) con el fin de obtener un posterior beneficio de carácter sexual. La mayor parte de las veces persigue conseguir imágenes o vídeos del menor con contenido sexual, pero en otras ocasiones se pretende tener un contacto real con el menor para abusar de él o ella sexualmente.
- **La pornovenganza:** este término alude al uso de material audiovisual de otra persona (imágenes pornográficas) que

esta no ha consentido para dañar su imagen social, humillarla públicamente y ocasionarle sufrimiento.

- El *sexting*: envío voluntario de vídeos o imágenes de contenido erótico, sexual o pornográfico, relativos a uno mismo a través de internet, a alguien que luego las reenvía o difunde sin tener consentimiento para hacerlo.

  Esta práctica implica mucho riesgo, pues desde el momento que se manda el vídeo o la imagen, se pierde el control sobre su contenido y sus autores se vuelven vulnerables.

- **La sextorsión:** amenazar a alguien con el envío de sus imágenes eróticas o pornográficas a sus contactos o conocidos.

Muchas de estas conductas no solo pueden suponer una infracción administrativa en materia de privacidad, sino también ser constitutivas de delito.

Escala de uso problemático de internet en adolescentes

¿Cómo podemos valorar la existencia de un patrón de uso problemático de internet en adolescentes? Hay muchas escalas, entre ellas, la escala validada EUPI-a.

Antes de seguir

Pasemos a la práctica. Si tienes hijos adolescentes, ¿puedes invitarles a hacer este test con ellos para que tomen conciencia de los riesgos a los que se exponen?[34]

Tabla 1
Escala EUPI-a

INSTRUCCIONES:
Marca con una X las veces que te ha pasado cada una de las cuestiones relacionadas con el uso de internet. Para responder utiliza la siguiente tabla:

0	1	2	3	4
Muy en desacuerdo	En desacuerdo	Ni en acuerdo ni en desacuerdo	De acuerdo	Totalmente de acuerdo

Con frecuencia te ha pasado que...

1	Cuando me conecto siento que el tiempo vuela y pasan las horas sin darme cuenta.	0	1	2	3	4
2	En ocasiones he intentado controlar o reducir el uso que hago de internet pero no fui capaz.	0	1	2	3	4
3	En alguna ocasión he llegado a descuidar algunas tareas o a rendir menos (en exámenes, deportes, etc.) por conectarme a internet.	0	1	2	3	4
4	Cada vez me gusta más pasar horas conectado/a a internet.	0	1	2	3	4
5	A veces me irrito o me pongo de mal humor por no poder conectarme a internet o tener que desconectarme.	0	1	2	3	4
6	Prefiero que mis padres no sepan el tiempo que paso conectado a internet porque les parecería excesivo.	0	1	2	3	4
7	He dejado de ir a sitios o de hacer cosas que antes me interesaban para poder conectarme a internet.	0	1	2	3	4
8	En alguna ocasión me he metido en líos o problemas por culpa de internet.	0	1	2	3	4
9	Me fastidia pasar horas sin conectarme a internet.	0	1	2	3	4
10	Cuando no puedo conectarme no paro de pensar si me estaré perdiendo algo importante.	0	1	2	3	4
11	Digo o hago cosas por internet que no sería capaz de decir/hacer en persona.	0	1	2	3	4
	TOTAL					

El patrón de corte es sacar una puntuación superior a 16 puntos. Si tu hijo o hija ha sacado esta puntuación o una más alta, es hora de tomar medidas y, en su caso, acudir a un especialista en salud mental.

Las consecuencias de ese uso afectan a diferentes ámbitos, a los que, si hablamos de menores, hay que añadir los efectos nocivos que produce para su desarrollo personal, pues, como veíamos antes, la adolescencia es un periodo crítico para el desarrollo del córtex prefrontal, así como de máxima vulnerabilidad para la adquisición y el desarrollo de trastornos adictivos, psiquiátricos y comportamentales. Como esferas afectadas están, entre otras:

- su salud
- su neurodesarrollo
- su educación
- sus relaciones familiares y sociales
- su privacidad
- sus hábitos de consumo
- la monetización de sus datos

En el cuadro de la siguiente página de la Asociación Española de Pediatría, se refleja muy gráficamente cómo afectan las pantallas a la salud:

Jonathan Haidt, conocido psicólogo en este tema, afirma que la causa del repentino aumento de la ansiedad, la depresión y las autolesiones en los jóvenes se debe a las redes sociales.

¿Cómo afectan las pantallas a la salud?

El mal uso del mundo digital afecta a la salud física, mental, sexual y social. En la infancia y adolescencia también afecta al neurodesarrollo y al aprendizaje.

1 Sueño. Mayor riesgo de dormir menos horas y un sueño menos reparador.

2 Obesidad por una ingesta más calórica y disminución de la actividad física.

3 Fatiga visual con inicio o empeoramiento de miopía y presencia de ojo rojo, picor y lagrimeo.

4 Dolor de espalda y articulaciones por malas posturas cuando usamos los dispositivos.

5 Ansiedad y alteraciones del comportamiento por sentir la necesidad de estar conectados y tener dificultades para aceptar límites de los adultos.

6 Disminución de la atención.

7 Impulsividad con disminución de la capacidad de esperar.

8 Aislamiento social presencial y elevada comparación social.

9 Aceptar **conductas de riesgo** por acceso a información inadecuada para la edad: conductas sexuales de riesgo, disfunción sexual.

10 Alteración en el neurodesarrollo y aprendizaje.

Fuente: Plan Digital Familiar. Asociación Española de Pediatría.

Según sus estudios, la ansiedad ha aumentado un 134 % en la población juvenil desde el 2012 y la depresión un 106.

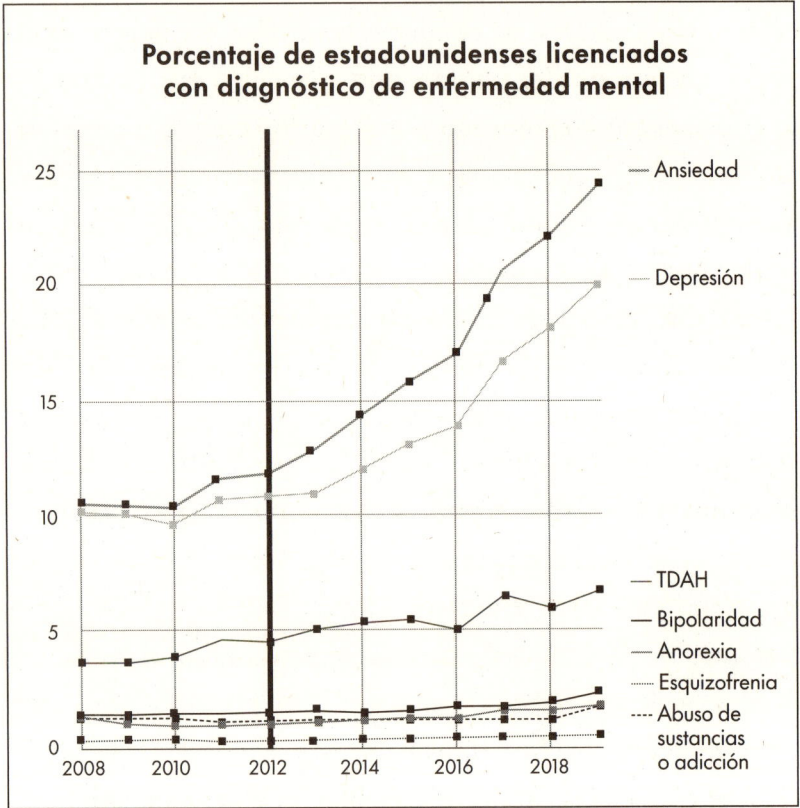

Porcentaje de estadounidenses licenciados con diagnóstico de enfermedad mental

Ansiedad: 134 % de incremento desde 2010
Depresión: 106 % de incremento desde 2010
TDAH: 72 % de incremento desde 2010
Bipolaridad: 57 % de incremento desde 2010
Anorexia: 100 % de incremento desde 2010
Esquizofrenia: 67 % de incremento desde 2010
Abuso de sustancias o adicción: 33 % de incremento desde 2010

En el informe *Cómo afectan las adicciones a las redes sociales en la salud mental de las y los adolescentes*, de FAD Juventud y CEAPA,[35] se relacionan los síntomas en cambios físicos o emocionales, de conducta o sociales, y cambios en el colegio que nos pueden alertar sobre que «algo está pasando». En el documento, elaborado por Rosario Garrido, se explica muy claramente que la sobreexposición a estímulos digitales puede influir en su capacidad de atención y concentración, en su funcionamiento cognitivo y en problemas de salud mental.

En el documento también se aborda el protagonismo de una hormona clave en el uso abusivo de internet: la dopamina. Es «un neurotransmisor asociado con la sensación de placer y recompensa en el cerebro». Cuando usamos las redes sociales, especialmente cuando recibimos likes, comentarios o interacciones positivas, nuestro cerebro libera dopamina, lo que nos hace sentir bien. Este refuerzo positivo puede llevar a un comportamiento de búsqueda de más interacciones en las redes sociales para experimentar esa sensación de placer nuevamente. Como resultado, puede desarrollarse una especie de «adicción» a las redes sociales, donde el cerebro busca constantemente esta gratificación instantánea. Este ciclo de gratificación puede contribuir al uso excesivo de redes sociales y, en algunos casos, a problemas de salud mental.

Además, nos enfrentamos a una epidemia de sueño deficiente. Los adolescentes deberían dormir nueve horas para un adecuado desarrollo cerebral, y según datos del Consejo General de la Psicología de España, en su informe *Redes sociales, videojuegos y salud mental*, la media es de siete horas y con la calidad del sueño afectada.[36] En otro informe del Consejo General de la Psicología de España, *Radiografía del uso de nuevas tecnologías, internet y redes sociales en menores*, destacan datos significativos:

- El aumento considerable del uso de internet en niños y niñas de 0 a 8 años (OCEDE, 2023).
- Los principales riesgos: miedo a perderse algo, exposición a determinados cánones estéticos, reducción de relaciones sociales, robo y difusión de información personal, exposición a imágenes y contenido sexual explícito, a contenidos de odio, mensajes que incitan a autolesionarse, etc.
- 1 de cada 3 adolescentes podría estar siendo víctima de acoso escolar y 2 de cada 10 de ciberacoso.
- Relación entre el uso frecuente de redes sociales con mayor consumo de alcohol, de drogas y de tabaco y de conductas sexuales de riesgo, entre otros (Purba y otros, 2023).

Hay otra esfera esencial, relacionada con las bases de la salud y el desarrollo de nuestra infancia, que se centra en la calidad de la presencia de los progenitores con sus hijos e hijas y de las interacciones familiares. «La tecnología acerca y fue esencial en el confinamiento y también puede crear nuevas fronteras, aunque estemos solo a metros de distancia».[37]

¿Eres consciente de que a mayor cercanía
tecnológica puede haber mayor distancia familiar?
Cuando la pantalla absorbe tanto, desconectamos
del entorno inmediato y cercano.

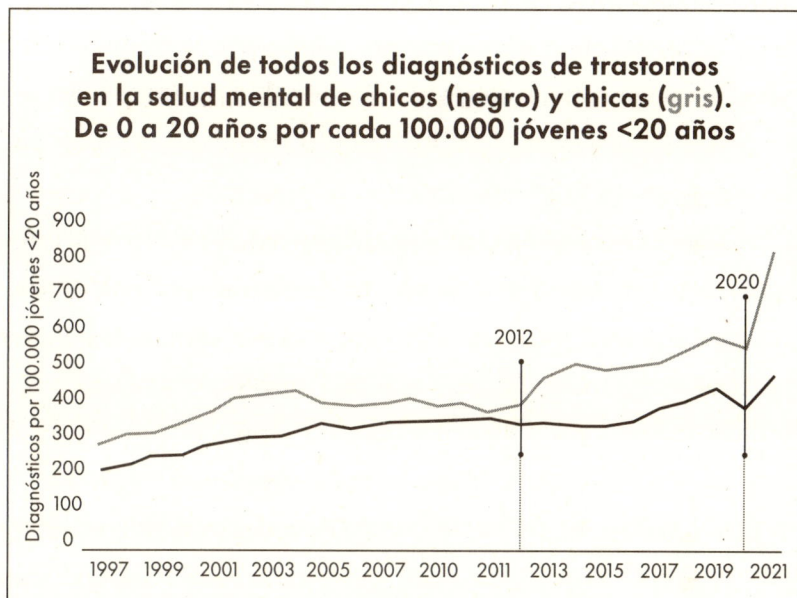

**Evolución de todos los diagnósticos de trastornos
en la salud mental de chicos (negro) y chicas (gris).
De 0 a 20 años por cada 100.000 jóvenes <20 años**

Fuente: CyberGuardians, *Uso de internet y enfermedad mental en niños y adolescentes en España 1997-2021.*

Es impactante el est.dio realizado por CyberGuardians, *Uso de internet y enfermedad mental en niños y adolescentes en España 1997-2021,*[38] donde destaca que las enfermedades mentales en menores de 20 años en España, a partir de 2012, han sufrido un ascenso explosivo, en especial en las niñas, registrándose en los meses inmediatamente posteriores a la pandemia un incremento del 300 %. El análisis de costes por hospitalización en diagnósticos primarios por enfermedad mental arroja dos tendencias preocupantes: por un lado, el coste hospitalario ha aumentado más de un 500 % en los últimos años y, además, se observa una preocupante evolución de los costes dedicados a la atención de chicas, que supone el 75 % del coste de los menores de 20 años. En el siguiente gráfico, puedes ver la evolución de todos los diagnósticos de trastornos de salud mental de chicos (negro) y chicas (gris) de 0 a 20 años, siendo el punto de inflexión el año de la pandemia.

El Ministerio de Sanidad, en su *Informe 2024. Alcohol, tabaco y drogas ilegales en España*, ha destacado que los jóvenes han alcanzado el máximo histórico en consumo de hipnosedantes desde el año 2023: «Evolutivamente, el consumo de hipnosedantes ha ido aumentando a lo largo de toda la serie histórica en los tramos temporales analizados, alcanzándose en esta ocasión las prevalencias más altas desde que se lleva haciendo el estudio».

¿Qué está pasando para que la media de inicio en este consumo de hipnosedantes sean los 14,4 años?

No es de extrañar que, con los datos de mortalidad del presente milenio del Instituto Nacional de Estadística, el investigador principal de la Universidad Complutense de Madrid, Alejandro de la Torre, junto a investigadores del CIBER de Salud Mental, hayan elaborado un informe sobre la *Evolución del suicidio en España en la población infantojuvenil (2000-2021)*. Del estudio se desprende que en adolescentes se observa un aumento significativo del número de suicidios

Prevalencia del consumo de hipnosedantes con o sin receta médica (%) y edad media de inicio en el consumo (años) entre los estudiantes de enseñanzas secundarias de 14 a 18 años. España, 2000-2023

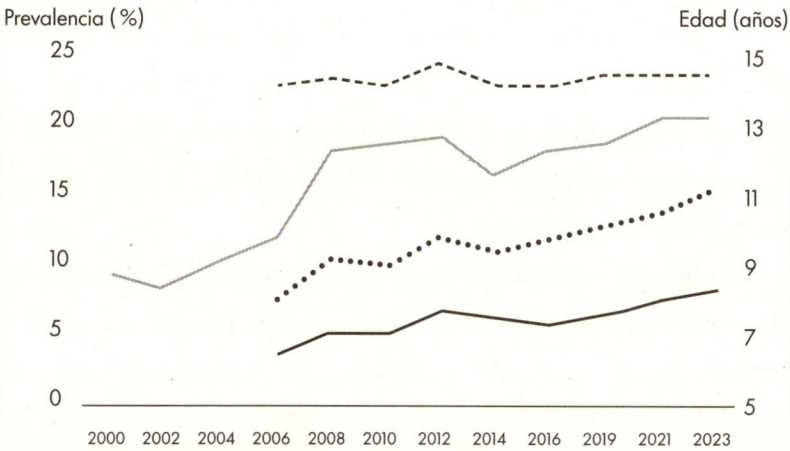

	2000	2002	2004	2006	2008	2010	2012	2014	2016	2019	2021	2023
(——) Alguna vez en la vida	8,8	8,5	10,0	12,1	17,3	18,0	18,5	16,1	17,9	18,4	19,6	19,6
(·······) Últimos 12 meses	—	—	—	7,4	10,1	9,8	11,6	10,8	11,6	12,5	13,6	14,8
(——) Últimos 30 días	—	—	—	3,6	5,1	5,2	6,6	6,2	5,9	6,4	7,5	8,2
(---) Edad media de inicio de consumo	—	—	—	13,8	14,0	13,8	14,3	13,9	13,7	14,0	14,1	14,1

Fuente: OEDA. Encuesta sobre uso de drogas en enseñanzas secundarias en España (ESTUDES).

del 32,5 % entre 2020 y 2021. El suicidio en las mujeres de 15 a 29 años es la principal causa de muerte en ese intervalo de edad.

Como veíamos en el capítulo anterior sobre el modelo de negocio de la industria de internet, otro efecto importante de la digitalización temprana es la **remodelación de estos cerebros en desarrollo para reconvertirlos en consumidores precoces.** Los datos son alarmantes: según un informe de IAB Spain (*Estudio anual de ecommerce*) del 2024:

- Uno de cada dos menores ha comprado por influencia de las redes sociales.
- Las redes sociales actúan como buscadores digitales y promueven las compras en los más pequeños.
- El 66 % busca información sobre productos y servicios.
- El 50 % reconoce la influencia de las redes sociales.
- Utilizan de media cinco redes sociales, por este orden: WhatsApp, TikTok, YouTube, Instagram y Spotify.

Cómo hemos llegado hasta aquí: algunos datos

En mi opinión, ya existe un gran acuerdo y concienciación en la sociedad de que el uso saludable y responsable de internet y las redes sociales y, por extensión, las tecnologías para la relación, la información y la comunicación (TRIC) es uno de los grandes desafíos a los que nos enfrentamos en la actualidad.

Para hacer una aproximación a la envergadura del problema, puede ser ilustrativo conocer algunos datos.

La encuesta del INE sobre *Equipamiento y uso de tecnologías de la información y comunicación (TIC) en los hogares,* año 2024, refleja la alta digitalización de nuestros hogares:

- El 99,5 % de los hogares disponen de teléfono móvil y el 83 % de algún tipo de ordenador.
- **El 95 % de los menores de 10 a 15 años usaba ordenador, 2,7 puntos más que en el 2023. Y el 96 % navegaba por internet, 1,3 puntos más. El 69,6 % usaba teléfono móvil, un punto menos que en el 2023.**

Vemos que los jóvenes entre 16 y 24 años son un colectivo que usa a diario internet (99,8 %), muy por encima de la media.

Unicef realizó un importante estudio, *Impacto de la tecnología en la adolescencia,* en el año 2023, a una muestra de casi 50.000 adolescentes de entre 11 y 18 años y un total de 265 centros educativos.[39]

Los resultados deben hacernos tomar decisiones urgentes:

- El «regalo» del móvil lo habían recibido antes de los 11 años de media, el 95 % de las veces con conexión a internet.
- El 91 % se conectaba todos los días. De ellos, un 31,6 % pasa más de cinco horas diarias conectado a internet entre semana, y la mitad, cinco o más horas al día los fines de semana (29,7 % más de cinco horas y ¡casi el 20 % todo el día!).

Horas de conexión diaria entre semana

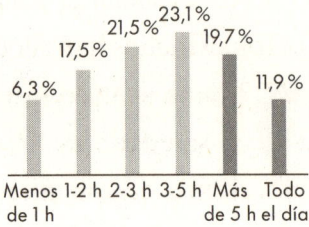

6,3 %
17,5 %
21,5 %
23,1 %
19,7 %
11,9 %

| Menos de 1 h | 1-2 h | 2-3 h | 3-5 h | Más de 5 h | Todo el día |

Horas de conexión diaria durante el fin de semana

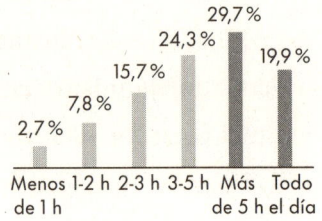

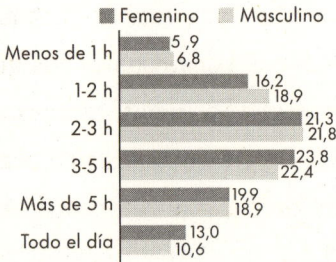

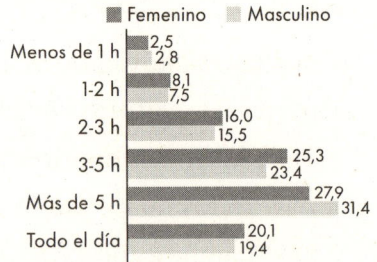

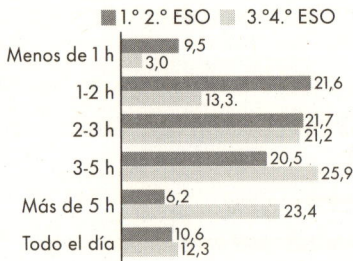

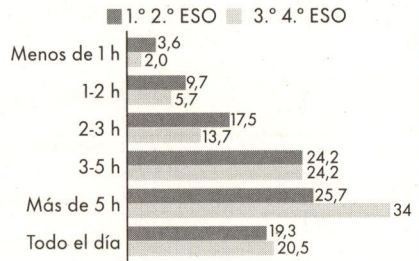

2,7 %
7,8 %
15,7 %
24,3 %
29,7 %
19,9 %

| Menos de 1 h | 1-2 h | 2-3 h | 3-5 h | Más de 5 h | Todo el día |

■ Femenino ■ Masculino

	Femenino	Masculino
Menos de 1 h	5,9	6,8
1-2 h	16,2	18,9
2-3 h	21,3	21,8
3-5 h	23,8	22,4
Más de 5 h	19,9	18,9
Todo el día	13,0	10,6

■ Femenino ■ Masculino

	Femenino	Masculino
Menos de 1 h	2,5	2,8
1-2 h	8,1	7,5
2-3 h	16,0	15,5
3-5 h	25,3	23,4
Más de 5 h	27,9	31,4
Todo el día	20,1	19,4

■ 1.º 2.º ESO ■ 3.º 4.º ESO

	1.º 2.º ESO	3.º 4.º ESO
Menos de 1 h	9,5	3,0
1-2 h	21,6	13,3.
2-3 h	21,7	21,2
3-5 h	20,5	25,9
Más de 5 h	6,2	23,4
Todo el día	10,6	12,3

■ 1.º 2.º ESO ■ 3.º 4.º ESO

	1.º 2.º ESO	3.º 4.º ESO
Menos de 1 h	3,6	2,0
1-2 h	9,7	5,7
2-3 h	17,5	13,7
3-5 h	24,2	24,2
Más de 5 h	25,7	34
Todo el día	19,3	20,5

Fuente: Unicef. *El impacto de la tecnología en la adolescencia.*

- Casi el 60 % dormía con el móvil o la tablet a diario, y el 21,6 % se conecta a partir de medianoche todos o casi todos los días.
- Más del 80 % utilizaba tres o más redes sociales: WhatsApp, YouTube, Instagram y TikTok. Muchos han sentido emociones positivas, pero un 27,9 % ha sentido inseguridad, un 24,7 % miedo, un 23,5 % soledad, un 19,7 % angustia y un 13,5 % exclusión-rechazo-discriminación. Estas emociones negativas impactan más en el sexo femenino.
- Solo uno de cada tres adolescentes no presenta síntomas de depresión, siendo el 15 % de los adolescentes los que presentan síntomas graves o moderadamente graves, el 18,7 % moderados y el 35,6 % leves. En otras palabras: dos tercios de los adolescentes presentan síntomas leves, moderados o graves de depresión.

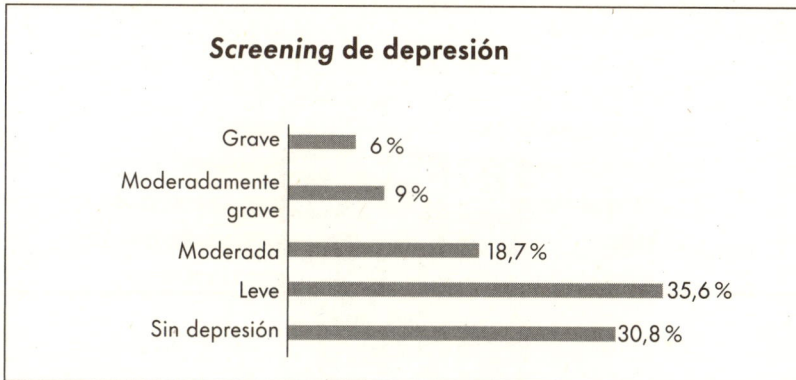

Screening de depresión

Categoría	Porcentaje
Grave	6 %
Moderadamente grave	9 %
Moderada	18,7 %
Leve	35,6 %
Sin depresión	30,8 %

Fuente: Unicef. *El impacto de la tecnología en la adolescencia.*

¿Eres consciente de que dar un smartphone a un menor
a edades tempranas es exponerlo a acceso ilimitado
de contenido de adultos, para el que no está preparado
y que puede afectar seriamente a su desarrollo?
Si no se les da barra libre de alcohol o tabaco a los
menores, ¿por qué ocurre con el mundo digital?

Me gustaría introducir aquí el concepto de **barra libre digital**
y la necesidad de un cambio cultural y social. Las familias conocen los efectos perjudiciales del consumo de tabaco y alcohol
por los menores. A ninguna familia se le ocurriría, cuando su
hijo o hija cumpla 10 años, regalarle una caja de botellas de
alcohol, dejar que duerma con la caja en su habitación y decirle
que puede consumir la cantidad que quiera porque tienen tarifa
plana con la bodega y, cuando se acabe, le reemplazan la caja
por otra nueva. Aquí tienes el enlace a una reciente campaña
lanzada por la Agencia Española de Protección de Datos, donde
alertamos sobre esto.

Es un ejemplo extremo, lo sé, pero eso es lo que está pasando en nuestros hogares: compramos el smartphone a los 10 años, o incluso antes, con datos ilimitados o con capacidad alta y dejamos que duerman con él en la habitación sin normas de uso ni acompañamiento progresivo.

Recordemos que los servicios de internet no están pensados para proteger a los menores: están pensados para conseguir clientes, retener su atención, captar, tratar y vender los datos de los clientes y, en muchos casos, mediante los patrones oscuros y adictivos, inducirlos a comportamientos beneficiosos para las empresas. ¿Nos extrañan los datos de depresión y soledad actual en nuestra juventud?

3
LA PRIVACIDAD TIENE ALMA

He tenido la responsabilidad y al mismo tiempo la oportunidad de dirigir la Agencia Española de Protección de Datos (AEPD) durante más de nueve años. Muchos lectores se preguntarán cómo este organismo administrativo puede actuar y tener competencias en temas tan importantes como la violencia sexual digital o la protección de la privacidad e, indirectamente, la salud de las personas. Como bien dice el presidente del Consejo General de la Psicología de España, Francisco Santolaya, **no puede haber salud sin salud mental y no hay salud mental sin salud digital.**

Voy a intentar explicar, de forma sencilla, qué es la Agencia, por si puede ser de utilidad. La AEPD es una autoridad administrativa independiente, se relaciona con el Gobierno a través del Ministerio de Presidencia, Justicia y Relaciones con las Cortes y tiene una doble competencia:

1. **Función preventiva:** consiste en concienciar y sensibilizar a la ciudadanía, las empresas y las administraciones públicas de la importancia de tratar adecuadamente los datos de los ciudadanos, y ofrecer guías y herramientas a los responsables del tratamiento para facilitar el cumplimiento de las obligaciones legales.
2. **Función sancionadora:** se despliega cuando consta un incumplimiento de la normativa, ya sea a través de reclamaciones que se reciben de los ciudadanos o por investigaciones que se inician de oficio desde la Agencia. La potestad sancionadora es muy amplia: desde la imposición de multas hasta ordenar la retirada del tratamiento de determinados datos, suspenderlo, o la adopción de medidas adicionales, por poner algunos ejemplos.

A lo largo de casi una década en la que he sido directora de la AEPD, he tenido muy claro que una de las funciones más importantes en un mundo digitalizado es proteger a las personas en internet.

Es importante partir de que la defensa de este derecho fundamental suele ir unida a la garantía de otros derechos adicionales, y esto es algo que han determinado nuestros tribunales: hablamos de un derecho instrumental en garantía de la protección del conjunto de derechos y libertades, puesto que un tratamiento indebido de datos de salud de una persona, datos sexuales, por ejemplo, no solo tiene efectos en la privacidad, sino que también puede afectar gravemente a la vida de esa persona y su esfera familiar en múltiples aspectos.

Si a esto añadimos los riesgos adicionales de la sociedad actual, en un mundo altamente hiperconectado, con la utilización de la inteligencia artificial generativa, de los neurodatos, etc., el reto para la sociedad y para las autoridades de control se incrementa exponencialmente. Hay que tener en cuenta que el vertiginoso desarrollo de las tecnologías digitales siempre va a ir por delante e impacta directamente en el derecho a la protección de datos y, a través de su tratamiento, en los demás derechos.

En esta materia, hay dos normas esenciales:

- la europea, el Reglamento General de Protección de Datos (RGPD);
- la norma básica, junto con la nacional, la Ley Orgánica 3/2018, de Protección de Datos Personales y Garantía de los Derechos Digitales.

Ambas normas destacan que la rápida evolución tecnológica y la globalización han planteado nuevos retos para la protección de los datos personales, y en consecuencia para los demás derechos y libertades, pues la magnitud de la recogida e intercambio de datos personales propiciado por la conectividad, esencial para el funcionamiento de los servicios y productos digitales, ha desbordado todas las previsiones de hace apenas unos años, aumentando los riesgos, en particular para quienes por diversas razones se encuentran en una situación de vulnerabilidad necesitada de protección, como los menores de edad.

Y una prueba de esta evolución de la sociedad en relación con la evolución de la tecnología es muy clara si comparamos las reclamaciones que se recibían en la Agencia hace treinta años (por ejemplo, por recibir publicidad postal en los domicilios) con las reclamaciones actuales, en las que se denuncia que los ciudadanos son perfilados e influidos en sus comportamientos y hábitos de consumo, o en las que se ponen de manifiesto casos de delitos cometidos por menores utilizando herramientas de inteligencia artificial con 11 años, o cuando vemos la vida de una persona destrozada porque un vídeo sexual suyo se difunde, se hace viral y llega a provocar su suicidio.

Son ejemplos desgarradores que muestran también la evolución de la sociedad y la dirección a la que nos encaminamos, como analizaré después.

A estas alturas, podrás preguntarte: ¿y qué es un dato personal? ¿Cuándo puede actuar la Agencia para protegernos en un mundo digital? Para que lo haga, es necesario que estemos ante un tratamiento de datos personales, es decir, deben cumplirse dos condiciones:

1. Que, como su propio nombre indica, sea un **dato de índole personal**: toda aquella información que de manera directa o indirecta permite identificar a una persona, como es su nombre, imagen, un identificador único..., pero también aquella que lleve a inferir su identificación, por

ejemplo, información de localización, de características físicas, económicas, ideológicas o sociales.

2. Que dicha información sea **objeto de tratamiento**, es decir, que dichos datos personales sean sometidos a cualquier operación, que abarca desde su recogida, registro, conservación, consulta, modificación, utilización…, hasta su supresión.

No olvidemos que el negocio de la industria y los servicios de internet, en muchas ocasiones gratuito, como se verá más adelante, está basado precisamente en la monetización de los usuarios, en algunos casos de datos especialmente sensibles como son los datos de salud, los datos sexuales o los datos ideológicos, que tienen una especial protección.

Neurodatos y neuroderechos

Quien controla la mente controla el mundo.

Uno de los mejores ejemplos de cómo la tecnología, si se utiliza en beneficio de las personas, puede salvar vidas es el caso de los neurodatos.

Ahora mismo, gracias al trabajo de neurocientíficos de gran relevancia, como Rafael Yuste, que ha dirigido el proyecto Brain, se puede no solo descodificar las conexiones neuronales, sino modificarlas. Conocer a Rafael y su compromiso ético y social, aparte de su excelente trabajo en el campo de la neurociencia, ha sido un verdadero privilegio.

Los recientes avances de la tecnología y la inteligencia artificial están permitiendo la aparición de un número creciente de dispositivos conectados que monitorizan la actividad cerebral con distintas finalidades. Estos dispositivos forman parte del conocido **internet de los cuerpos.**

En el ámbito de la investigación y la salud, se abre un mundo repleto de posibilidades para personas con problemas de movilidad o habla, con enfermedades neurológicas graves como el alzhéimer, la epilepsia o el párkinson, por ejemplo.

Estos dispositivos (interfaces cerebro-computadora) son bastante invasivos, ya que requieren que se implanten quirúrgicamente en el cerebro o cerca de él. Registran la actividad cerebral y pueden manipularla. También permiten interactuar entre el mundo físico y el virtual a través de la captura de las señales eléctricas y la actividad del cerebro. Estamos hablando de datos cerebrales o neurodatos que podrían identificar a los individuos, inferir estados emocionales, pensamientos o sentimientos, en su caso modificarlos y revelar otras categorías especiales de datos, relativas a su salud, estado emocional, etc.

En el campo de la investigación, abre un mundo de posibilidades; en otros usos, implica grandes riesgos, como está alertando Rafael Yuste con los cinco neuroderechos, ya que puede afectar a la libertad cognitiva, la privacidad e integridad mental, la libertad psicológica y producir discriminación.

Actualmente, ya existen estos dispositivos en el mercado,

pero se usan con fines no clínicos y están dirigidos al consumo, para proporcionar experiencias más inmersivas y completas en diversos usos (hogar inteligente, educación, neuromarketing, juegos y entretenimiento, internet, metaverso, seguridad y autenticación, ingeniería militar, etc.).

Empresas como Emotiv, Neurosky, Nextmind, OpenBCI, Unicomo-bi, etc., ofrecen, a precios muy asequibles, cascos de entretenimiento, aplicaciones de marketing, monitorización o comunicación.

En el caso de los videojuegos, al recopilar la información de la actividad cerebral se revela el estado cognitivo del usuario y se desarrollan aplicaciones con las que, por ejemplo, se puede crear un avatar en el metaverso que responde y refleja las emociones del usuario. Esta recolección de datos en tiempo real de las experiencias y emociones del jugador las sincroniza con lo que está sucediendo en la pantalla. En el caso de un videojuego violento, ¿podemos imaginar el impacto en la construcción de la identidad y las relaciones con los demás cuando un adolescente juega sintiendo que es el protagonista en tiempo real de lo que está ocurriendo en el juego?

Como venimos diciendo, estos datos cerebrales que se recogen son datos personales: en concreto, datos de salud, y merecen una especial protección. La información cerebral es única y personal, cada cerebro humano es único y permite la identificación personal a través de su anatomía (de forma parecida a la huella dactilar).

El proyecto Human Brain Project, liderado por Henry

Markram y Javier de Felipe, comenzó en el 2013 y duró hasta 2023. Ha sido el mayor proyecto de investigación neuronal científica de la historia de la Unión Europea y ha permitido descodificar el mapa cerebral. Su objetivo es crear modelos del cerebro en supercomputadoras para simular enfermedades del cerebro y avanzar en su investigación.

A su vez, en el 2013, Obama escogió como proyecto estrella de ciencia de su Administración el proyecto Brain, liderado por Rafael Yuste, que ya hemos mencionado, con el objetivo de mapear las conexiones neuronales.

Este prestigioso neurocientífico explica que tenemos alrededor de 100.000 millones de neuronas conectadas cada una, como mínimo, con cerca de otras 100.000 neuronas. La complejidad de la red cerebral es tres veces mayor que todo el internet de la Tierra. Todos estos proyectos de investigación se asociaron a través de una red internacional, la Iniciativa Cerebral Internacional.

Rafael Yuste ha impulsado la creación de una fundación, The Neurorights Foundation, donde está promoviendo investigaciones, acciones de sensibilización y especialmente legislación nacional e internacional que proteja los nuevos derechos humanos vinculados a los neuroderechos. Es muy interesante el informe que publicaron en el que analizaron las treinta compañías americanas que vendían a los consumidores estos dispositivos para consumo: en concreto, analizaron sus políticas de privacidad y el consentimiento de los usuarios. El informe concluye que estas prácticas vulneran media docena de estándares internacionales de privacidad: en el acceso a la información, la recopilación y almacenamiento de la información, las transferencias de datos, los derechos de los usuarios y la seguridad de los datos. Asimismo, el informe pone de manifiesto una ausencia de información que debilita el modelo de consentimiento y resalta la grave implicación que supone teniendo en cuenta la extrema sensibilidad de los datos neuronales.[40]

Desde esta fundación, se está impulsando la legislación de cinco nuevos neuroderechos:

- **Derecho a la identidad personal:** este derecho limita cualquier tecnología que permita alterar el sentido del yo de las personas, y evita que la identidad personal se pierda con la conexión a redes digitales externas. Te invito, por favor, a leer una vez más esta frase: «**Evitar que la identidad personal se pierda con la conexión a redes digitales externas**». Sobre esto iré profundizando en los siguientes capítulos.

- **Derecho al libre albedrío:** garantiza la capacidad de las personas de tomar decisiones de forma libre y autónoma, sin manipulación alguna a través de las neurotecnologías.

- **Derecho a la privacidad mental:** protege a las personas del uso de los datos obtenidos durante la medición de su actividad cerebral sin su consentimiento y prohíbe expresamente cualquier transacción comercial con esos datos.

- **Derecho al acceso equitativo:** busca la regulación en la aplicación de las neurotecnologías para aumentar las capacidades cerebrales, de forma que no queden solo al alcance de una minoría y generen desigualdad en la sociedad.

- **Derecho a la protección contra sesgos:** evita que las personas sean discriminadas por cualquier factor cerebral que se pueda obtener usando estas tecnologías.

Uno de los fines esenciales de esta fundación es conseguir, como decía, una legislación internacional y nacional que garantice expresamente estos nuevos neuroderechos. La meta abarca desde la modificación de la Declaración Universal de los Derechos Humanos de Naciones Unidas de 1948 hasta nueva legislación europea o legislación nacional. El objetivo es que estos dispositivos que se venden para el consumo y que son capaces de crear un avatar del propio cerebro de los consumidores, en el caso de que sean capaces de modificar las conexiones neuronales, tengan la consideración de productos sanitarios y, por lo tanto, deban cumplir un plus de obligaciones, prohibiciones y limitaciones.

Ya se han dado algunos pasos importantes: por ejemplo, el estado norteamericano de Colorado ha sido pionero al aprobar el primer proyecto de ley de neurodatos del mundo; el Senado chileno, por su parte, ha aprobado también por votación unánime un proyecto de ley que modifica la Constitución para proteger los neuroderechos. Impulsada por la presidencia española del Consejo de la Unión Europea, los ministros de telecomunicaciones aprobaron el 24 de octubre de 2023 la

Declaración de León, como una guía ética en el avance de la neurotecnología.

Espero que en los próximos años podamos celebrar una modificación de la Declaración Universal de los Derechos Humanos donde se incluya esta regulación, así como una regulación específica europea sobre ello. En este intervalo, quiero dar tranquilidad: la actual normativa europea ya cubre y garantiza los neuroderechos. Al tratarse de un dato personal y especialmente protegido como es el de salud, el Reglamento General de Protección de Datos (RGPD) establece una serie de prohibiciones, límites y garantías para estos tipos de tratamientos.

Y otra de las ventajas del RGPD es su extraterritorialidad: sus obligaciones se aplican a cualquier empresa que ofrezca bienes o servicios a ciudadanos en Europa. Es decir, cualquier empresa americana, asiática, etc. que pretenda monitorizar la actividad cerebral de los ciudadanos en la Unión Europea debe cumplir los principios de privacidad por defecto y desde el diseño, y todo el abanico de limitaciones y garantías del RGPD.

Verificación de edad. ¿Cómo están accediendo los menores a las redes sociales, el porno y los videojuegos con contenido de adultos?

Al aplicar las políticas públicas y al ofrecer bienes y servicios en el mercado, debería aplicarse siempre un principio sagrado: el **del interés superior de los niños para todas las decisiones que les afecten.** Como han destacado Livingstone y otros autores, esto incluye políticas sobre servicios digitales, protección de datos y privacidad, seguridad de la información, inteligencia artificial y medios audiovisuales, así como servicios digitales como los que prestan o inciden en servicios públicos, comercio electrónico, educación, justicia, salud y otras áreas de la vida pública y privada.

Como ha destacado el Consejo General de la Psicología de España, la red de organizaciones que trabajan con y para los niños y niñas en Europa (Eurochild, 2024), en su último informe sobre necesidades de la infancia en toda Europa, insta a los responsables políticos a nivel nacional y de la UE a incorporar un enfoque basado en los derechos del niño en la legislación y políticas digitales, garantizando una legislación sólida adicional que obligue a las plataformas a rendir cuentas por la protección de los niños frente a los daños online, así como a aumentar la inversión en educación y servicios sociales en materia de alfabetización digital y bienestar, tanto para los niños, niñas y adolescentes como para los propios profesionales.

Esto es esencial porque, como ya hemos visto en el capítulo 2, uno de los grandes perjuicios que está provocándose en los menores es el consumo excesivo de pantallas, aunque sea de contenido aparentemente inocuo, por su impacto en el neurodesarrollo y efectos en su salud física, emocional y mental, pues, recordemos, su personalidad y su madurez aún no están formadas. Especialmente grave es, debido a ello, el acceso a contenido de adultos por menores.

Como dice una de las personas expertas del comité para el

desarrollo de un entorno digital seguro para la juventud y la infancia, Beatriz Izquierdo,[41] los niños pasan de creer en los Reyes Magos, de la etapa de la inocencia y la magia, a acceder al porno, con el fuerte impacto que esas imágenes y vídeos, normalmente violentos, supone.

Muchas de estas plataformas que ofrecen contenido de adultos en internet no utilizan un sistema efectivo de verificación de edad, y basta que el menor autodeclare que es mayor de 18 años para que pueda acceder a cualquier contenido violento y pornográfico que seguramente produciría un impacto incluso en personas adultas. Es como si a un adolescente bastara con que el portero de la discoteca le preguntara si es mayor de 18 años para poder pasar y consumir alcohol, sin necesidad de enseñar una forma de identificación. Esto que nos parece impensable en la vida física, analógica, está sucediendo en el mundo online y abre puertas mucho más dañinas para el adecuado desarrollo de los menores.

Otro sistema que se utiliza para la verificación de edad es el de las «empresas terceras de confianza», una tercera entidad, ajena a la plataforma que ofrece estos contenidos, que verifica y trata los datos de menores y adultos, sistema que no parece el más efectivo en una aplicación de los principios básicos del RGPD (en concreto, el de privacidad por defecto y desde el diseño: es decir, que la primera plataforma debe ofrecer por sí misma los medios para garantizar la privacidad). En este sistema se tratan millones de datos, incluidos menores sin cumplir el principio de minimización.

El sistema que propone la AEPD, que ha sido el criterio seguido por el EDPB, es mucho más garantista, porque no es necesario acudir a una tercera empresa de confianza, los datos se quedan en el dispositivo del usuario y no hay datos de menores circulando por internet con los riesgos de quiebra de seguridad que supone.

Por eso, una de las acciones que pudimos impulsar desde la AEPD, de la que estoy muy contenta, fue la publicación de los principios de verificación de edad, que probamos con éxito mediante pruebas de concepto en Android, IOS y Windows, los tres principales sistemas operativos. En estos principios, invertimos la carga de la prueba (el adulto debe demostrar que es mayor de 18 años y que no se usan datos de menores, porque si el que intenta acceder es menor de 18 años, el sistema no le va a dar el atributo de acceso ni se queda sus datos) para aplicar realmente la privacidad desde el diseño, pues es el adulto el que debe probar su mayoría de edad y obtener un atributo «autorizado a acceder» cuando la app comprueba que esa persona ha utilizado un documento oficial donde puede validarse su edad. El decálogo se basa en un sistema de «doble ciego»: la app que proporcione ese atributo no sabe la finalidad de uso (puede ser para comprar alcohol, hacer apuestas online o acceder al porno, por ejemplo) y, a su vez, la plataforma que ofrezca o venda contenido de adultos no va a conocer la identidad del usuario, solo verifica el atributo válido de «autorizado a acceder».

Es esencial el importante paso dado por el Comité Europeo de Protección de Datos al aprobar por unanimidad en febrero de 2025 los criterios de verificación de edad siguiendo las pautas dadas por la AEPD.[42]

En el momento de escribir este libro, el Gobierno de España está trabajando en una, y ya una empresa española ofrece el sistema de verificación de acuerdo con estos principios. Otra buena noticia es que una empresa de pornografía establecida en España ha anunciado que va a aplicar estos criterios.

Sé que solo estamos viendo la punta del iceberg y que es difícil poner puertas al campo, sobre todo cuando las principales empresas que ofrecen estos contenidos de adultos no están establecidas en España, pero lo que hemos demostrado es que se pueden ofrecer servicios de contenido de adultos que protejan el anonimato de sus usuarios y, al mismo tiempo, protejan a los menores, evitando su acceso. Esto es posible gracias al sistema de «doble ciego».

Esta iniciativa ha tenido un reconocimiento a nivel mundial en la reciente Conferencia Internacional de Autoridades de Protección de Datos, al haber recibido el premio de Innovación de la Global Privacy Assembly 2024.

Si tienes interés en una mayor profundización técnica sobre la protección a los menores en internet, en el Anexo 2 tienes este tema más desarrollado.

La pornografía. Cláusulas abusivas. El consumo de porno por menores y el negocio de los datos

Vivimos en un mundo donde hay excesiva información y todo está a golpe de clic, donde nuestro impulso, a veces compulsivo, de acceder a información y servicios nos lleva a aceptar de forma inmediata las cláusulas extensas, técnicas y complicadas sobre privacidad. Y las compañías lo saben y, en ocasiones, esconden cesiones esenciales que afectan a nuestra intimidad de por vida sin que seamos conscientes cuando damos un consentimiento genérico a la política de privacidad. Esto puede y debe suponer un importante debate sobre si el consentimiento realmente ha sido libre, explícito e informado, como exige el RGPD.

Este contexto, que supone riesgos ya de por sí, nos coloca en situación de especial vulnerabilidad cuando además estamos lidiando con información o contenido de mayor sensibilidad.

Existen redes sociales de suscripción donde los usuarios venden o compran contenidos, en muchos casos eróticos y pornográficos, y que cuentan con millones de creadores. La mayoría de las creadoras de contenidos son mujeres jóvenes.

Una de las fórmulas utilizadas por las personas creadoras de contenido para hacer crecer sus seguidores es el uso de los enlaces en redes sociales: les provee de una estrategia de canales cruzados que les permite llevar el tráfico de otras redes sociales al perfil de plataformas de contenidos pornográficos.

En algunas de estas plataformas de contenidos pornográficos, en sus condiciones contractuales de servicio, se prohíbe explícitamente que los usuarios compartan, republiquen o distribuyan las obras que los creadores de contenidos venden en su plataforma; sin embargo, se asignan el derecho de **usar, reproducir, modificar, ejecutar, exhibir, distribuir y de cualquier otra manera divulgar a terceros dicho material**.[43] Esto es, que las imágenes y vídeos que allí se comparten podrán ser difundidos de modo perpetuo.[44] Esto ocurre cuando las personas creadoras de contenido aceptan los términos del acuerdo y la política de privacidad.

De esta forma, si una mujer que ha creado y distribuido vídeos eróticos en la plataforma quiere dar de baja su cuenta, según estas cláusulas, no tendría derecho a impedir que sus fotos y vídeos eróticos se sigan distribuyendo de forma permanente.

Sin entrar a evaluar casos concretos, sí es importante conocer que, según la normativa europea, para que el consentimiento sea válido, debe ser libre, explícito e informado, como muy bien ha definido el Tribunal de Justicia de la Unión Europea en su sentencia de 4 de julio de 2023 sobre Meta Platforms. En esta sentencia, se declaró que el consentimiento de los usuarios no se había dado libremente, al no permitir autorizar por separado las distintas operaciones de tratamiento de datos personales para ser adecuado al caso concreto. El Tribunal declaró que los usuarios deben disponer de la libertad de negarse individualmente a prestar su consentimiento a operaciones particulares de tratamiento de datos que no sean necesarias para la ejecución del contrato sin verse por ello obligados a renunciar íntegramente a la utilización del servicio ofrecido por el operador de la red social en línea.

Recuerdo un caso de una mujer adulta que, cuando era joven, había firmado un contrato con una productora de contenido de adultos para ser actriz porno. Con el paso del tiempo, ya con hijos, se arrepintió y quiso retirar esos vídeos e imágenes de la red. En este caso, y lamentando el impacto que estos contenidos podían afectar a su vida personal y familiar, la AEPD tuvo que denegar la solicitud puesto que, cuando firmó el contrato, era mayor de edad, tenía capacidad para contratar y había firmado expresamente el consentimiento para la grabación y distribución de dichas imágenes.

Pero hay casos aún peores: más adelante, cuando describa el funcionamiento del canal prioritario, compartiré un caso sorprendente donde el reclamado aportó un contrato de sumisión sexual donde alegaba que contaba con el consentimiento de su pareja en ese momento para la realización de cualquier grabación y difusión de sus prácticas sexuales.

Sabemos ya que la adolescencia y la juventud es la edad crítica en el desarrollo de la sexualidad y los patrones de comportamiento, al mismo tiempo que en la maduración del cerebro. Y que el cerebro no madura hasta bien entrada la edad adulta. Es una etapa de gran vulnerabilidad, especialmente para las mujeres que se graban y difunden vídeos eróticos, y más sensible aún si los editan en este tipo de plataformas como creadoras de contenidos, pues pueden perder el control de por vida y que esa sea su huella digital en la red, con consecuencias a largo plazo en todos los ámbitos de su vida. En esta edad, es mucho más difícil valorar los riesgos porque la corteza prefrontal no

LA PRIVACIDAD TIENE ALMA

está desarrollada y las acciones que se toman en este ámbito tan íntimo pueden tener un gran impacto a lo largo de toda su vida. Ayudemos a concienciar entre todos, por favor.

El consumo del porno por menores. El negocio de los datos

¿Qué ocurre cuando un adolescente se desarrolla en su conducta sexual y afectiva consumiendo porno? Según datos del Ministerio de Igualdad, el 90 % de los adolescentes consumen pornografía y, aun así, el 90 % de padres y madres creen que sus hijos e hijas no ven porno.

Aunque los usos más habituales de internet tienen que ver con fines relacionales o lúdicos, así como con la realización de tareas escolares, aparece como un uso preocupante el **acceso de los menores de edad a contenidos online para adultos, en concreto a la pornografía,** y también a otros contenidos nocivos para su desarrollo, como vídeos de violencia extrema, las apuestas o los juegos con recompensas.

Save the Children, en su informe del año 2021 sobre *(Des)información sexual: pornografía y adolescencia,* deja patente que la mayor parte de los estudios y testimonios de familias alertan de que los primeros contactos con la pornografía comienzan en torno a los 8-9 años.[45]

- Más de la mitad de los que consumían pornografía se inspiraban en esas imágenes para sus propias vivencias.

- Para el 30 % de los chicos y chicas, estos vídeos pornográficos eran la única fuente de información sobre sexualidad.
- 7 de cada 10 consumían porno de forma frecuente y con un potencial adictivo.

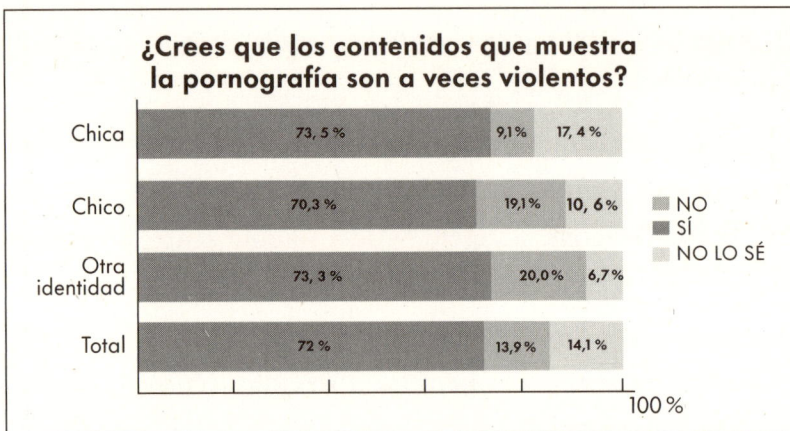

¿Crees que los contenidos que muestra la pornografía son a veces violentos?

	NO	SÍ	NO LO SÉ
Chica	73, 5 %	9,1 %	17, 4 %
Chico	70,3 %	19,1 %	10, 6 %
Otra identidad	73, 3 %	20,0 %	6,7 %
Total	72 %	13,9 %	14,1 %

100 %

Fuente: Elaboración propia a partir de los resultados de la encuesta.

¿Siento que consumo más pornografía de la que me gustaría?

	NO	SÍ
Chico	82,5 %	17, 4 %
Otra identidad	64,7 %	35,3 %
Total	70,0 %	30,0 %
Chica	70,3 %	29,7 %

Fuente: Elaboración propia a partir de los resultados de la encuesta.

Número de visitas mensuales en billones:

Google.com	175
YouTube.com	113
Facebook.com	18,1
Pornhub.com	12,8
Xvideos.com	8,96
Wikipedia.org	8,46
Twitter.com	8,39
Instagram.com	7,36
Reddit.com	7,05
DuckDuckgo.com	4,55
Spankbang.com	4,44
Yahoo.com	4,24
Amazon.com	4,23
Xnxx.com	4,22
Bing.com	3,96
TikTok.com	3,69
Yahoo.co.jp	3,29
Weather.com	3,25
Fandom.com	3,07
Whatsapp.com	3,06

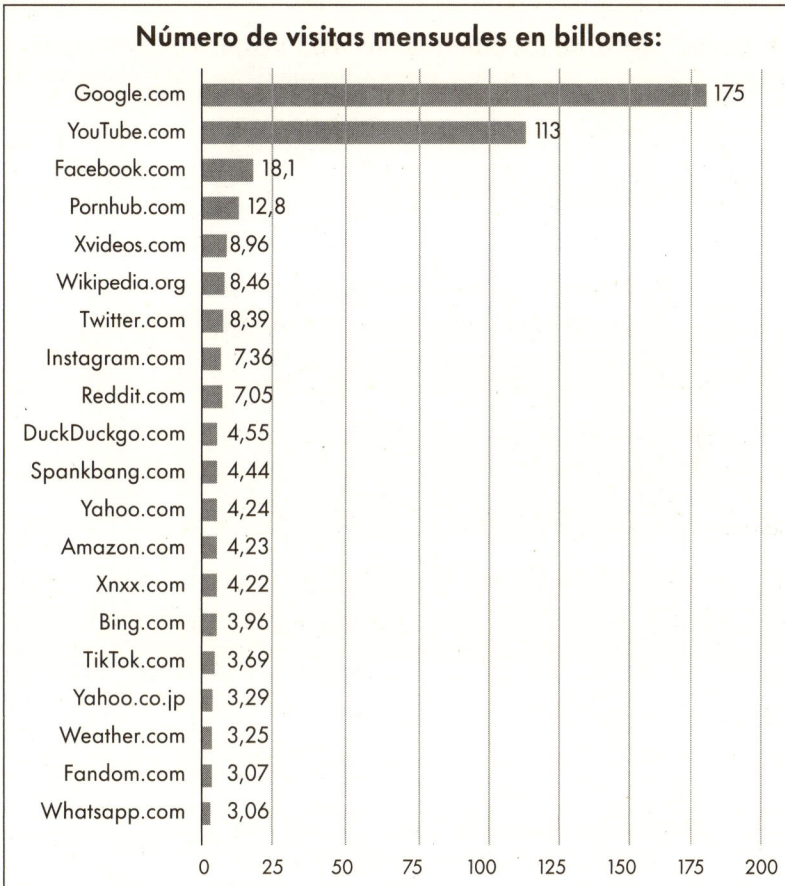

Fuentes: DataReportal, We Are Social, Semrush, Meltwater Worldwide.

Como refiere un adolescente en este informe, «el porno no te busca, te encuentra».

Es significativo conocer cuáles son las webs más visitadas a nivel mundial. En la gráfica de arriba se detallan las webs más visitadas mensualmente. De las diez páginas más visitadas en el mundo, dos son específicas de porno, sin perjuicio de que en los buscadores o redes sociales más visitados se esté accediendo también.

En el citado estudio de Save the Children, se destaca que más del 98 % ven porno de forma gratuita. De esta forma, el porno está accesible, es asequible porque no hay que pagar, se va viendo cada vez más aceptado y va normalizando paulatinamente la violencia sexual. Los proveedores de servicio de pornografía conocen perfectamente cómo funcionan los circuitos cerebrales y cómo estimular la adicción.

Como destaca Alejandro Villena, el responsable de investigación de la ONG Dale Una Vuelta, experta en información, prevención y recuperación en este ámbito, **de 2018 a 2023, hemos pasado de un 30 % de consumo accidental a un 70 %,** y desde el 2009 al 2023 del 9 al 78 % de visionado de porno en chicas menores de 18 años.

> Si la adolescencia es la etapa donde se construyen los valores éticos, la empatía y el rol de relaciones de pareja, ¿podemos imaginar los efectos del consumo precoz de porno en la personalidad, la ética y las relaciones de estos adolescentes cuando sean adultos?

Como dice Villena, el porno tiene importantes efectos:

• Deteriora los sistemas de placer como hace la cocaína.
• Modifica las neuronas espejo de los centros de la empatía.

- Impide el desarrollo normal de la corteza prefrontal, responsable de la toma de decisiones y el control de los impulsos.

En este estudio,[46] con resonancia magnética funcional, cuando se enfrenta a sujetos sanos con sujetos adictos a la pornografía, se observa una hiperactivación de los sistemas de recompensa, que se traduce en un aumento de la tolerancia y una desensibilización progresiva.

Como explica Alejandro Villena, en este estudio,[47] de Amilahg *et al.*, hecho con electroencefalograma en adolescentes adictos a la pornografía, se visualiza el exceso de ondas delta en la corteza prefrontal que caracteriza la adicción la dopamina produce sensación de satisfacción y llega al córtex esa sensación desde el sistema de recompensa. Pero como esa sensación no dura mucho, los adolescentes buscan de nuevo la satisfacción en la pornografía. El cerebro necesita la misma cantidad de dopamina para tener activado el sistema de recompensa; el problema es que para obtener esa cantidad, se necesita cada vez más consumo y más violento-excitante, provocando adicción. Con el tiempo, el repentino subidón de dopamina provocado puede producir un síndrome hipofrontal y un deterioro cognitivo.

Una de las máximas autoridades sanitarias de Estados Unidos, el cirujano general Vivek Murthy, ha equiparado el daño de las redes sociales con el de otras drogas legales, como el tabaco y el alcohol, y ha propuesto una etiqueta de advertencia en las plataformas sociales al estilo de las que se muestran en los paquetes de tabaco, alertando de los daños que pueden causar a la salud mental de los menores.

Un reciente informe de la FAD, *Juventud y pornografía en la era digital*,[48] ofrece unos datos en la misma línea. La mayoría tiene el primer contacto con la pornografía alrededor de los 13 años; el 6,5 % manifiesta haber tenido el primer contacto a los 8 años o antes y un 3,6 % con menos de 8 años.

Destaca que el principal medio de acceso a la pornografía es internet, el 64,7 lo hace a través del teléfono móvil y lo que consume son contenidos gratuitos, frente a otros medios como televisión o redes sociales, que representan una cuota del 9,9 %. 8 de cada 10 jóvenes dicen que fue fácil acceder a contenidos pornográficos, y un 8 % declara que no los buscaban de forma activa: el porno los ha encontrado a ellos. Según este informe, tanto en TikTok como en Instagram es común el uso de *hashtags* como eufemismos para referirse a publicaciones vinculadas a la pornografía.

Otro efecto importante derivado del uso de la tecnología digital y vinculado a la pornografía es el de la **violencia digital de género**. El porno, además, cosifica e instrumentaliza a la mujer.

La Fundación ANAR ha informado del retroceso en igualdad con unos datos de lo más inquietantes: el 70,3 % de los adolescentes no denuncian la violencia que sufren ni tienen intención de hacerlo; pero es que el 47,1 % ni siquiera es consciente del problema, lo que supone una evolución negativa, pues el 63,7 % de las adolescentes que solicitaron la ayuda de

ANAR «no eran conscientes de conductas violentas que sus parejas o exparejas estaban teniendo con ellas». ¡Y eso las que solicitaron ayuda!

Otro reciente trabajo de la Fundación Mutua Madrileña, en colaboración con el equipo Mujer-Menor de la Guardia Civil,[49] refleja que 3 de cada 4 niños y adolescentes han padecido alguna situación de violencia sexual en el entorno online.

Este tipo de violencia acaba repercutiendo en la salud mental de los adolescentes, que en un 29,5% de los casos necesitaron la ayuda de un psicólogo. Del total de mujeres de 16 o más años residentes en España, el 6,5% (1.322.052 mujeres) han sufrido violencia sexual fuera de la pareja. Un 3,4% (703.925 mujeres) del total de mujeres de 16 o más años han sufrido violencia sexual en la infancia (antes de cumplir los 15 años de edad).

En la infografía de la siguiente página, que preparamos desde la AEPD con la ONG Dale Una Vuelta y hemos adaptado para este libro quedan muy claros los efectos del consumo de pornografía por menores.

La pornografía se ha convertido en **la escuela del sexo para la adolescencia**. Son escalofriantes los datos de la campaña del Ministerio de Igualdad del 2024 «Vamos a hablar de pornografía»:[50]

- Para el 30% de los adolescentes, la pornografía supone la única fuente de información sobre sexualidad.
- El 52% de quienes consumen pornografía recurrentemente

El impacto de la pornografía en menores

1 Crea expectativas irreales y creencias erróneas sobre la sexualidad. Como fuente de aprendizaje, favorece la desinformación en cuestión de sexualidad.

Normaliza y favorece la violencia sexual. Se relaciona con un aumento de estereotipos de género, la normalización del sexismo y la imitación de prácticas, creencias y actitudes violentas en la sexualidad. También con el abuso físico y verbal en relaciones de pareja. **2**

3 Aumenta las conductas sexuales de riesgo. Se relaciona con un mayor uso irresponsable del preservativo, búsqueda de relaciones sexuales bajo los efectos de sustancias y consumo de prostitución.

Internet se adueña de tu privacidad. Los datos personales tienen valor para quien quiere localizar menores, acceder a ellos, conocer sus debilidades, volverlos adictos y manipularlos. **4**

5 Afecta a la satisfacción sexual. Favorece problemas sexuales en la excitación, deseo y orgasmo. Daña la autoestima sexual y se relaciona con un sexo menos placentero en la edad adulta.

Puede producir problemas en las relaciones de pareja. Se relaciona con la promiscuidad sexual, infidelidad, un mayor número de parejas sexuales y una iniciación temprana en el sexo. **6**

7 Aumenta los niveles de soledad en adolescentes. Favorece el aislamiento y la disminución de actividades sociales en adolescentes.

Deterioro a nivel neurobiológico. Afecta a la corteza prefrontal, sistema de recompensa, neuronas espejo y diferentes áreas en relación con el control de los impulsos y la toma de decisiones. **8**

9 Afecta al rendimiento académico. Su uso frecuente se relaciona con un deterioro en la capacidad de atención, memoria procedimental y en la capacidad de organización y planificación.

Se puede convertir en adicción. El uso esporádico se puede convertir en un comportamiento adictivo caracterizado por tolerancia, dependencia, falta de control, abstinencia, regulación disfuncional de las emociones con la pornografía, conflictos en diferentes áreas de la vida y necesidad de consumo frecuente. **10**

Fuente: AEPD y Dale Una Vuelta.

confirman que esto ha influido mucho o bastante en sus relaciones sexuales, siendo mayor la influencia en los chicos que en las chicas.

- El 49,5 % afirman que el porno les ha servido como fuente de inspiración y al 54,9 % les gustaría poner en práctica lo que han visto, siendo el 4,4 % de los adolescentes que consumen pornografía los que han llevado alguna escena a la práctica.

Si tenemos en cuenta que la mayoría de los contenidos de pornografía erotizan y normalizan la violencia hacia mujeres y menores, además de normalizar conductas de riesgo, no es de extrañar la proliferación de los delitos sexuales cometidos por menores, hecho ya alertado por la Fiscalía General del Estado en su Memoria del 2023, donde resalta un incremento del 116 % en solo cinco años.

> Una reflexión: ¿qué grado de empatía y afectividad va a tener un adolescente cuya educación sexual se ha basado en el porno? ¿Qué grado de consciencia van a tener las jóvenes que consumen porno para saber lo que su pareja puede esperar de ellas?

Curiosamente, la adolescencia, que es la etapa de mayor expansión de las relaciones sociales, donde la personalidad se construye en gran parte en función de las relaciones con el grupo de iguales, ahora es el periodo de la vida de mayor soledad no deseada. Impactan los datos del informe *Barómetro de la soledad no deseada en España 2024*, de la Fundación ONCE y la Fundación AXA:

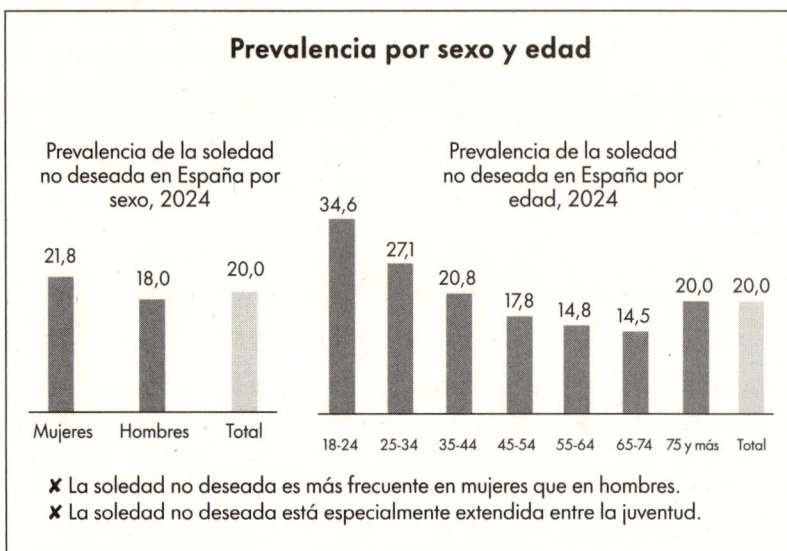

Prevalencia por sexo y edad

Prevalencia de la soledad no deseada en España por sexo, 2024

- Mujeres: 21,8
- Hombres: 18,0
- Total: 20,0

Prevalencia de la soledad no deseada en España por edad, 2024

- 18-24: 34,6
- 25-34: 27,1
- 35-44: 20,8
- 45-54: 17,8
- 55-64: 14,8
- 65-74: 14,5
- 75 y más: 20,0
- Total: 20,0

✗ La soledad no deseada es más frecuente en mujeres que en hombres.
✗ La soledad no deseada está especialmente extendida entre la juventud.

Fuente: Fundación ONCE y Fundación AXA. *Barómetro de la soledad no deseada en España 2024*.

Según este estudio, la soledad no deseada está especialmente extendida entre la juventud y son las personas jóvenes las que más sufren soledad, con una prevalencia de 14 puntos porcentuales superior a la media. Los resultados de este barómetro están en línea con otros estudios, que identificaron una relación entre edad y soledad no deseada en forma de U, es decir, que la soledad es más frecuente entre las personas más jóvenes, menor en la edad adulta media y más común entre las personas mayores (Víctor y Yang, 2012).

Los patrones oscuros y adictivos

Pero como la evolución de la tecnología digital es imparable, ahora también nos enfrentamos al desarrollo de lo que se puede denominar *tecnología persuasiva* con la utilización, en muchos casos, de patrones adictivos y engañosos[51] con los que los proveedores de internet intentan mantener a los usuarios en la plataforma, aplicación o servicio el mayor tiempo posible, e influyen o manipulan su comportamiento con operaciones adicionales de tratamiento de datos. Sabemos que lo que se persigue es captar nuestra atención para poder ser el sujeto y el producto de consumo a la vez. Según datos de la Federal Trade Commission en Estados Unidos, hay empresas de internet que tienen en nómina a más de ciento cincuenta expertos en neuromarketing para adaptar sus servicios y productos de forma que puedan impactar en el comportamiento de los usuarios. Es decir, no se nos están ofreciendo simplemente servicios digitales, la industria de internet tiene analizado el comportamiento humano con expertos en neurociencia y marketing y saben cómo «enganchar» al usuario a sus servicios. Nos consideramos libres cuando accedemos a una red social, navegamos por internet, compramos… sin ser conscientes de que gran parte de nuestros hábitos y comportamientos son inducidos indirectamente por estos patrones adictivos y el sistema de recompensa y validación, tan inherente al ser humano. Se explota conscientemente nuestra vulnerabilidad, sabiendo que estos consumos nos alejan de la verdadera felicidad.

El reciente Reglamento Europeo de Servicios Digitales regula expresamente que las plataformas online no diseñarán, organizarán ni gestionarán sus interfaces de manera que engañen o manipulen a los usuarios. Este nuevo marco normativo es un paso de gigante en Europa, ahora el reto es que la industria cumpla de forma proactiva y que los organismos de supervisión nacionales y europeos controlen con efectividad este cumplimiento y tomen las medidas necesarias en caso de incumplimiento.

Sobre la influencia de los patrones adictivos en internet, la AEPD presentó en julio del 2024 un informe en el que nos propusimos realizar una revisión de la evidencia científica existente acerca de dichos patrones en diferentes plataformas, aplicaciones y servicios.

Los patrones oscuros o engañosos se consideran interfaces y experiencias de usuario que los llevan a tomar decisiones no intencionadas, involuntarias y potencialmente dañinas con respecto al tratamiento de sus datos personales.

Los patrones adictivos se componen de características, atributos o prácticas de diseño que determinan una forma particular de utilizar las plataformas, aplicaciones y servicios digitales para que los usuarios dediquen mucho más tiempo a su uso o con un mayor grado de compromiso del esperado, conveniente o saludable para ellos, e influyen o manipulan su comportamiento con operaciones adicionales de tratamiento de datos.

Estos patrones adictivos también pueden ser implementados mediante sistemas y modelos de inteligencia artificial. En casi todos los escenarios, los usuarios no pueden desactivar estas características, incluso cuando ellos mismos perciben su influencia o impactos negativos.

Estos patrones adictivos pueden alimentarse con los datos personales de los usuarios y pueden tener un impacto en su salud y bienestar. Qué datos específicos se podrían recoger y cuáles serían estos impactos depende de quiénes sean los usuarios, del motivo por el que usan las plataformas, aplicaciones y servicios, y de cómo los usan. Los usuarios con diferentes antecedentes mentales, sociales, tecnológicos y de comportamiento pueden reaccionar de manera diferente ante una misma característica de diseño.

Los datos pueden usarse para explotar las vulnerabilidades de los usuarios, ganar su atención y compromiso, y hacer que pasen más tiempo en línea. Además, las investigaciones disponibles señalan debilidades o vulnerabilidades psicológicas y sesgos cognitivos persistentes y generalizados que suelen ser explotados por los patrones adictivos para conseguir su objetivo.

El impacto puede ser particularmente grave en el derecho a la integridad física y psíquica de la infancia y de los usuarios más jóvenes, afectando a su forma de tomar decisiones, de relacionarse en sociedad o a su equilibrio mental.

Se ha realizado una clasificación de los patrones adictivos en tres niveles: alto, medio y bajo.

Los patrones de nivel alto son estrategias generales independientes del contexto y de la aplicación y **se han identificado cuatro:**

- **Acción forzada**: consiste en ofrecer a los usuarios algo que desean, exigirles que hagan algo a cambio o engañarlos para que lo hagan de una manera que pueda causarles un perjuicio, ya sean conscientes o no. Un ejemplo de acción forzada es el *scrolling* o el *streaming* infinito (cuando termina una canción o un capítulo se inicia uno similar), los temporizadores para que el usuario espere en algunos juegos en línea antes de completar una tarea, las recompensas periódicas, etc.

- **Ingeniería social**: consiste en ofrecer a los usuarios algo basado en sus sesgos cognitivos o tendencias de comportamiento (anclaje —enganchar al usuario con ejemplos de respaldo social, con experiencias positivas que involucren a terceros, con expresiones de sonrisas, pulgar hacia arriba, etc.—, aversión a la pérdida —incluir mensajes de urgencia alertando y exagerando consecuencias de no hacer algo para presionar a los usuarios a realizar acciones específicas—, etc.) para manipularlos y llevarlos a tomar decisiones no intencionadas, involuntarias o incluso potencialmente dañinas para ellos.

- **Interferencia en la interfaz**: consiste en manipular la interfaz de usuario para promover unas acciones específicas sobre otras o para llamar la atención del usuario sobre contenidos o actividades específicas. Un ejemplo sería usar lenguaje persuasivo manipulando las emociones del usuario con presión («¡Conéctate ahora!») o manipulación de alternativas: «Publicar ahora» frente a «Continuar sin publicar».

- **Persistencia:** consiste en explotar el impulso humano innato de terminar las tareas iniciadas. Un ejemplo serían tareas sin terminar, microinterrupciones con anuncios y mensajes *pop-ups*.

Los patrones de nivel medio describen enfoques más específicos, explotando las debilidades o vulnerabilidades psicológicas de usuarios específicos.

Los patrones de nivel bajo corresponden a la ejecución específica de los diferentes enfoques y, a menudo, son específicos del contexto o de la aplicación.

La incorporación de operaciones que implementan patrones adictivos a los tratamientos de datos personales tiene importantes implicaciones para diferentes aspectos relativos a la protección de datos, como la responsabilidad proactiva (*accountability*), la aplicación efectiva de las obligaciones de protección de datos desde el diseño y por defecto, la transparencia, la licitud, la lealtad, la limitación de la finalidad, la minimización de datos, las decisiones automatizadas que afectan significativamente a los usuarios o el tratamiento de categorías especiales de datos.

También implica un riesgo para los derechos y libertades de todos los usuarios. En particular, para el derecho a su integridad física y psíquica, pero también pueden provocar discriminación, exclusión, manipulación, socavar la autonomía individual, influir en su proceso de pensamiento, sus emociones, su comportamiento, limitar su libertad de información y expresión, generar autocensura y afectar a la autonomía y desarrollo. Como venimos repitiendo, estas consecuencias pueden ser especialmente graves para la infancia y los usuarios más jóvenes. Hay casos que me han llegado al alma en mi experiencia del uso del canal prioritario: un padre desesperado durante años porque a su hija la indujeron engañándola a mostrar parte de su cuerpo y esa escena se hizo viral; una niña de 12 años que fue engañada por un adulto de 33 para intercambiar imágenes sexuales sin ser consciente de con quién estaba comunicándose; una adolescente que grabó voluntariamente su relación sexual con su pareja en el instituto y, al romper, el vídeo se hizo viral...

En todos estos casos, la víctima es mujer, joven y el contenido afectado sexual. Esas imágenes o vídeos les acompañarán toda la vida, produciendo un daño psicológico irreparable. Especialmente grave y deleznable fue el caso de una víctima de violación múltiple, donde además de cometer el delito, grabaron a la mujer y los vídeos de la violación se difundieron, incluso en blogs y algunos medios de comunicación. La víctima no solo tuvo que afrontar el grave daño físico y psicológico de la violación, sino que hubo medios que revelaron dónde estudiaba y su identidad.

Como mujer adulta, no puedo imaginar los recursos y apoyos que necesitaría para sobrevivir a una situación así, donde el abuso y el daño te acompaña siempre, allá donde vayas. Personalmente creo que es mucho más difícil recuperarse psicológicamente de esa difusión sexual viral que del delito en sí, porque cada vez que alguien allegado lo vea, cada vez que tengas noticia de su reproducción, vuelves a revivir y a retraumatizarte por lo sucedido.

Como madre, soy incapaz de imaginar que un hijo adulto pueda disfrutar y obtener placer del hecho de abusar sexualmente de una mujer. Como profesional, me pareció que hay un límite a la libertad de información por parte de los medios de comunicación, y fue la primera vez en la historia de la AEPD que la Agencia sancionó a medios de comunicación por no cumplir con el principio de minimización.

Por ejemplo, imaginemos a un conocido, llamémosle Manuel. Hace tiempo que posterga la entrada a casa después de aparcar el coche en el garaje del bloque en el que vive. A pesar de que en invierno hace frío, una vez que apaga el motor, coge su teléfono y se promete que mirará un par de tiktoks para relajarse antes de entrar a casa y ver a sus hijos. Hoy, cuando entra, los niños ya están acostados. Su mujer le cuenta que a su hija se le acaba de caer el primer diente y se ha quedado mellada. Debería haber visto lo contenta que se ha puesto al saber que el ratoncito le va a traer un regalo. Ha sucedido solo hace cuarenta y cinco minutos. Manuel sabe que a esa hora él ya había llegado, estaba en el garaje del edificio, metido en TikTok. Le duele que haya ocurrido así, sí, pero al día siguiente, en contra de su voluntad, repite el mismo comportamiento.

O el caso de Marta, por ejemplo, que se ha quedado sin trabajo y quiere utilizar sus meses de paro para sacar adelante un proyecto que le ronda la cabeza desde hace años. Sin embargo, los primeros días tras dejar de levantarse a las siete por primera vez en años, se dice a sí misma que no pasa nada por coger el teléfono y ver *stories* en Instagram durante cinco minutos antes de salir de la cama. La primera semana se pone el despertador a las ocho, a las ocho y media quiere estar ya sentada al escritorio para avanzar con su proyecto.

Esa primera semana, Instagram la atrapa no durante los cinco minutos que se ha prometido, sino durante unos quince. La segunda, ya son más de veinte minutos los que pasa ahí cada mañana antes si quiera de subir la persiana de su habitación. Para la tercera, el algoritmo sabe que sus ritmos han cambiado y que seguramente esté en casa, en lugar de en el trabajo, así que empieza a enseñarle recetas interminables sobre desayunos rápidos y *fit* que nunca son tan rápidos. Esas recetas se convierten en maneras de limpiar la casa y, más adelante, vídeos completos sobre *stay-home moms* y *tradwives*. A veces pasa la mañana entera sin que a Marta le dé tiempo siquiera a encender el ordenador. Por la noche, disgustada con su nulo compromiso y el bajón de ánimo, se va a la cama a las doce, pero procrastina el momento de cerrar los ojos viendo más y más vídeos. Algunas veces le dan las dos de la mañana antes de dejar el móvil de lado.

Para el segundo mes, lejos del punto en el que había decidido encontrarse, Marta ha alterado sus ritmos circadianos, su estado de ánimo, su salud física y mental, y su decisión de poner en marcha un proyecto ha quedado en nada. ¿Ha sido por falta de fuerza de voluntad? Podría argumentarse que los ciento cincuenta neurólogos cuyo sueldo depende directamente de lograr enganchar a Marta el mayor tiempo posible en las redes han tenido mucho que ver.

¿Y esa otra chica?, ¿Susana? Ella sabe que quiere muchísimo a su chico. Pero hace más de dos meses que no tiene ningún tipo de intimidad con él. Desde hace días, se promete que, por la noche, antes de dormir, buscará su contacto. Sin embargo, es superior a ella: en el momento que entra a la cama coge el móvil prometiéndose que esta vez serán solo cinco minutos. Esos cinco minutos se convierten en más de una hora. Cuando se gira hacia él, ve que está tan inmerso en las redes como ella. Bueno, mañana será otro día, se sigue diciendo.

El informe del que hablamos pone datos y palabras a estas situaciones que cada vez nos resultan más familiares: destaca que este impacto adverso de las estrategias adictivas es considerablemente mayor cuando se utilizan para tratar datos personales de personas vulnerables.

Este informe concluye que el uso de estos patrones adictivos tiene implicaciones en el cumplimiento de las obligaciones sobre privacidad: tanto en la responsabilidad proactiva como en la protección desde el diseño y por defecto, en la transparencia, licitud, lealtad, limitación de la finalidad, minimización de datos y decisiones automatizadas.

En relación con el uso de patrones adictivos, la Comisión Europea tiene abiertos dos procedimientos sancionadores por posible incumplimiento de la Ley de Servicios Digitales (DSA) contra TikTok y Meta.

El canal prioritario de la Agencia Española de Protección de Datos

El canal prioritario tiene su origen en un lamentable suceso que nunca debió pasar: en mayo del 2019, se produjo el suicidio de una mujer adulta porque en la empresa donde trabajaba, junto con su marido y su cuñada, su expareja difundió un vídeo sexual que ella se había grabado libremente; sin embargo, aunque no había autorizado su difusión, el vídeo se hizo viral.

Fue tal la presión laboral y familiar que la mujer no tuvo los recursos necesarios para hacer frente a la situación y acabó quitándose la vida.

La Comisión Europea había impulsado en el 2016 con las grandes empresas de internet un Código de Conducta para la lucha contra la incitación legal al odio en internet. Por este código, las empresas adheridas se comprometían a retirar esos contenidos de la red en un plazo de veinticuatro horas. Los resultados de este código han sido positivos: las empresas de tecnologías de la información evalúan el 90 % de los contenidos señalados en un plazo de veinticuatro horas y suprimen el 71 % de los contenidos que se consideran incitación ilegal al odio.

Este Código de Conducta fue nuestra inspiración. Teniéndolo de referencia nos reunimos en Bruselas con los responsables del código en la Comisión Europea para ver si se podrían incluir este tipo de conductas. Nos informaron de que no era posible.

Sin embargo, en la vida es importante no desistir si tienes el objetivo claro. Decidí intentarlo y nos reunimos, una por una, con las principales empresas de internet, ya que nuestra ley nos habilita a ordenar la retirada de contenidos.

En este caso, lo prioritario era la adhesión voluntaria a este mecanismo de retirada, puesto que, si nos perdemos en los trámites de un procedimiento administrativo, el daño se hace viral y lo urgente es la retirada inmediata.

Y lo logramos. Por fin, el 24 de septiembre de 2019, la AEPD presentó el canal, con la adhesión de Google, Meta, Twitter y Microsoft. Recientemente también se ha adherido TikTok.

Es una iniciativa pionera a nivel mundial que permite solicitar la retirada urgente de contenidos sexuales o violentos publicados en internet sin el consentimiento de las personas que aparecen en ellos, y que causan graves daños físicos y psíquicos a los afectados siempre que:

- La persona afectada sea nacional o resida en España.
- El responsable de la difusión esté establecido en España.

El procedimiento es sencillo, a través de la sede electrónica de la AEPD, en el apartado canal prioritario.[52]

Si la persona afectada es menor de 18 años, no es necesario que se identifiquen de forma electrónica, basta que presenten la reclamación informando de qué audios, vídeos o información se está difundiendo y en qué canales para que la Agencia comience la investigación.

Solo tiene el límite de las comunicaciones encriptadas en algunas redes sociales, como WhatsApp o Telegram o los correos electrónicos. En estos casos, la AEPD puede requerir a estas empresas para que cierren la cuenta donde se está produciendo la difusión y, si durante la investigación se obtienen pruebas, la Agencia puede iniciar un procedimiento sancionador.

La proliferación de las nuevas tecnologías ha propiciado nuevas amenazas, en parte causadas por la velocidad de difusión de información e imágenes, la facilidad de acceso a estas a través de los motores de búsqueda y las dificultades para eliminarlas de internet. La violencia ha pasado de ser física o psicológica a incluir el ciberacoso y la vulneración de la privacidad de las víctimas con acciones como la grabación y distribución de imágenes con contenido sensible en las redes sociales. Ahora, aunque la víctima se mude geográficamente o cambie de centro escolar, la humillación y el daño la acompañan las veinticuatro horas del día.

Por ello, la tecnología se emplea en algunos casos para controlar, acosar, humillar, extorsionar o atemorizar. Y aunque todo ciudadano puede ser una víctima, los menores de edad y las mujeres son el principal blanco de estas conductas.

El perfil de usuario del canal prioritario en el 70 % de los casos es mujer, menor de 30 años, víctima de violencia sexual digital.

El canal prioritario es un mecanismo gratuito y urgente para comunicar la difusión ilícita de contenido sensible y solicitar su retirada. Pretende ofrecer una respuesta rápida en situaciones excepcionalmente delicadas, como aquellas que incluyen la difusión de contenido sexual o violento.

Es una vía en la que las reclamaciones recibidas son analizadas de forma prioritaria, permitiendo que la AEPD, como autoridad independiente, pueda adoptar, si es preciso, medidas urgentes para evitar que esos contenidos continúen publicados online.

Su objetivo es detener la difusión de estos contenidos de manera rápida, antes de que se viralicen.

Desde su implantación hasta octubre del 2024, se han recibido 2.163 comunicaciones (incluyendo la vía de acceso para 14-18 años). Sin embargo, no todas se correspondieron con el propósito del canal, tan solo 210, lo que nos lleva a concluir que no se conoce lo suficiente, y que hay que seguir difundiéndolo.

Se han dictado 132 medidas cautelares para detener la difusión online de los contenidos, con un **porcentaje de cumplimiento del 93 %, en el año 2023 del ciento por ciento. Lo que supone que en una media de setenta y dos horas dejen de difundirse estos contenidos sensibles y, en casos muy concretos, puede llegar a evitarse el suicidio de la persona afectada.**

Las cifras a veces resultan frías, pero detrás de cada una de estas 132 medidas cautelares hay una persona y toda su familia, que han estado sufriendo por un grave daño a su intimidad y privacidad. Lo mejor es poner ejemplos concretos:

- Un adulto que consiguió fotos de una menor de 13 años y después la amenazó para que le enviara más vídeos.

- Publicación del audio con la declaración en un proceso judicial de una víctima de violación en manada.
- Contrato de sumisión en que la mujer acepta no solo someterse a cualquier práctica sexual, sino que puede ser grabada y las imágenes difundidas. La otra persona procede a difundir sin su autorización fotos, notas personales y referencias sobre sus relaciones sexuales y aporta un contrato por el que alega que contaba con su consentimiento. Aplicando la doctrina del Tribunal Constitucional, la Agencia entendió que la dignidad humana es inviolable y que el contrato aportado en que la reclamante renuncia a su intimidad y a la protección de su imagen y en general «a todos los derechos sobre su persona», entregándose como «esclava-sumisa», carece de cualquier validez contractual, sancionando al reclamado y ordenando la retirada de dichos contenidos.
- Difusión de la imagen de una menor de edad con el torso desnudo en diez páginas web y foros.
- Elaboración y publicación de perfiles falsos en webs de pornografía utilizando las imágenes reales de menores.
- Un caso en que el reclamado entabló relación estrecha con una menor a través de la red Instagram, llegando la menor a mandarle vídeos y fotos de carácter íntimo. Ante la negativa de la menor a seguir enviando imágenes, el reclamado la amedrentó amenazándola con publicar las fotos de que disponía. Debido al temor producido, la menor envió los vídeos solicitados, presionada por la

amenaza de que su imagen se difundiera en redes y llegara a sus conocidos.

- Reclamante que denuncia a su marido, del que está en trámites de divorcio porque ha publicado en una página web fotos suyas y notas personales que se refieren a las relaciones sexuales mantenidas durante el matrimonio. Se solicitó la supresión del contenido en la web, y se identificó al autor. Durante la investigación el reclamado aporta un contrato de sumisión que carece de valor por ir contra un derecho fundamental. Se sanciona por tratamiento de datos sin legitimación, en concreto, sin consentimiento.

El canal prioritario también ha dado lugar a 117 actuaciones de investigación y a 63 procedimientos sancionadores. Estos datos se difunden a través de internet en redes sociales, plataformas de vídeo, blogs, etc.

No podemos devolverle la vida a la mujer que, en 2019, optó por el suicidio y cuyo trágico desenlace nos hizo sacar adelante el canal prioritario. Pero, desde entonces, esperamos haber evitado desenlaces similares y ofrecido una herramienta para que, con un poco de suerte, esto no vuelva a repetirse. Por supuesto, estas herramientas son un parche: educar y educarnos debe seguir siendo la prioridad.

Las sanciones y las demandas a los servicios de internet

Cuando la función preventiva no es efectiva, siempre queda la potestad sancionadora que la AEPD, como organismo regulador, tiene atribuida. Se ha analizado hasta qué punto se produce el acceso de menores de sitios web que no deberían serles accesibles, por no disponer de medidas de verificación de la edad adecuadas.

En el ámbito internacional, se han realizado actuaciones contra diversas plataformas de pornografía de impacto mundial que se han trasladado a la autoridad principal competente en Europa.

Estas acciones se están sincronizando a nivel mundial. Varios estados norteamericanos de Estados Unidos y catorce fiscales generales, además de instituciones educativas, han interpuesto demandas judiciales contra las principales redes sociales por el daño en la salud mental de la sociedad y en particular de los menores mediante el uso de técnicas adictivas.

Sé que los procedimientos sancionadores muchas veces son lentos y complejos, pero, al mismo tiempo, quiero destacar la importancia de que mundialmente se está empezando a movilizar la sensibilidad crítica con estos temas y las acciones de *enforcement*. Los cambios sociales llevan tiempo, energía y esfuerzo, pero lograremos llegar a donde hay que llegar.

4
ESTAMOS MEJOR QUE HACE AÑOS: ALGUNOS AVANCES

Hasta ahora, en la primera parte del libro me he centrado principalmente en describir el momento actual en el que estamos, incidiendo en la gran crisis de salud mental que estamos atravesando como humanidad. Me gustaría ahora enfocar la atención en todos aquellos aspectos en los que hemos avanzado recientemente.

Nueva normativa europea

Las dos últimas legislaturas europeas han sido un punto de inflexión en esta materia. Ya en el 2016, se aprobó el RGPD (Reglamento UE 2016/679 del Parlamento Europeo), relativo a la protección de las personas físicas en lo que respecta al tratamiento de datos personales y a la libre circulación de estos datos, y entró en vigor dos años más tarde.

El RGPD introdujo importantes novedades, entre las que destacaría las siguientes:

- Consagración de la responsabilidad proactiva, obligando a los responsables del tratamiento de los datos de los ciudadanos a aplicar los principios de protección desde el diseño y por defecto, es decir, antes de que se ponga un servicio o producto en el mercado deben haberse aplicado todas las medidas legales, técnicas y organizativas que garanticen la privacidad de las personas afectadas.
- Aumento del control de los datos por la ciudadanía, ampliando los derechos con algunos nuevos como el de limitación, que consiste en obtener la limitación del tratamiento de tus datos que realiza el responsable, y el de portabilidad, que permite, en el caso de que el tratamiento se haga por medios automatizados, recibir los datos personales en un formato estructurado y que el responsable lo pueda transmitir a otro.
- Efecto extraterritorial: esto es esencial, ya que garantiza que la normativa y obligaciones europeas se le aplica a cualquier empresa que quiera vender sus productos o servicios en Europa.
- Tramitación de los procedimientos sancionadores y las decisiones en un mecanismo de cooperación denominado de ventanilla única, donde existe una autoridad principal que inicia la investigación y la propuesta de sanción y el resto de las autoridades se pueden declarar interesadas y

oponer objeciones, entre otras actuaciones, a la propuesta de resolución.

El RGPD, en relación con los menores, especifica que se trata de un colectivo que merece especial protección en relación con sus datos personales, ya que pueden ser menos conscientes de los riesgos, consecuencias y garantías y de sus derechos en relación con el tratamiento de sus datos. Esta protección especial debería aplicarse en el uso de los datos de los menores con la finalidad de marketing o la creación de perfiles de usuarios, o cuando se apliquen a servicios que se ofrecen directamente a los menores.

La Directiva 2018/1808 que actualiza la Directiva de Servicios de Comunicación Audiovisual establece que las plataformas de intercambio de vídeos deberán disponer de sistemas de verificación de edad cuando se trate de contenidos que puedan dañar el desarrollo de la salud física, mental y moral de la infancia y sistemas de control parental que estén bajo el dominio del usuario final.

Digital Services Act, o Reglamento de Servicios Digitales, es de aplicación íntegra desde el 17 de febrero de 2024 y obliga a las plataformas en línea a adoptar las medidas apropiadas y proporcionadas para asegurar un elevado nivel de privacidad y seguridad en la infancia, además de no permitir que procesen información adicional con el fin de detectar menores. A su vez, regula medidas específicas dirigidas a los prestadores de plataformas en línea y de motores de búsqueda de muy gran tamaño para proteger los derechos de la infancia, incluyendo verificación de edad y herramientas de control parental, con el fin de asegurar el desarrollo de su salud física, mental y moral. El Reglamento europeo advierte que estos riesgos sistémicos pueden surgir desde los diseños de estos servicios que explotan la debilidad y la inexperiencia de los menores y pueden causar comportamientos adictivos. Los menores por su propia naturaleza y neurodesarrollo son específicamente vulnerables. A través de los algoritmos de los miles de millones de usuarios, por ejemplo, de redes sociales, la empresa sabe perfectamente si el usuario es menor y cómo manipular su atención, su comportamiento y sus elecciones. Esto en concreto es grave, puesto que es en la prepubertad y adolescencia cuando se forma el carácter, la propia identidad, la forma de relacionarnos con los demás y la empatía.

En cuanto a la supervisión de la Comisión Europea sobre las grandes plataformas en cumplimiento de la DSA en relación con protección de menores, destacan varias iniciativas:

- Requerimientos de información a importantes empresas de pornografía sobre los mecanismos adoptados por estas plataformas para asegurar la mayoría de edad en los accesos y para prevenir la amplificación de contenido ilegal y violencia de género (13/06/2024).
- Procedimientos abiertos contra dos de las principales redes sociales al advertir la Comisión que los algoritmos pueden estimular comportamientos adictivos en los niños y su

preocupación por los métodos de verificación de edad, así como sobre la protección de los menores, la transparencia en la publicidad, el acceso a los datos y el riesgo del diseño adictivo y dañino de su contenido.

Una de las autoridades en Europa que tiene mayores competencias en relación con la industria de internet es la irlandesa, ya que las principales empresas de internet tienen localizado en Irlanda su establecimiento principal y es por tanto la competente en todos los procedimientos que les afectan. Baste recordar las últimas sanciones de la DPC, la autoridad de supervisión irlandesa, a algunas de estas empresas por diversas causas:

- Septiembre de 2024: 91 millones por guardar las contraseñas sin encriptar.
- Septiembre de 2023: 345 millones por vulneración de la privacidad de los menores (perfiles públicos).
- Mayo de 2023: 1.200 millones por transferencias de datos a Estados Unidos.
- Enero de 2023: 190 millones por haber querido amparar el tratamiento de los datos en una base jurídica que no era la correcta para publicidad personalizada.
- Noviembre de 2022: 265 millones por permitir *scraping* (extracción de información) de datos.
- Septiembre de 2022: 405 millones por permitir que menores de edad tuvieran acceso a cuentas comerciales, filtrándose sus direcciones de correo y teléfono.

- Septiembre de 2021: 225 millones al no haber informado de transferencia de datos.
- En España, la patronal de las televisiones privadas en abierto, UTECA, y de las radios comerciales, AERC, han presentado una demanda conjunta por competencia desleal.

Pasos a nivel nacional

Hace unos años, de este tema no se hablaba y éramos pocas las personas que estábamos trabajando en ello. Algunas iniciativas importantes han sido:

- La puesta en marcha en la AEPD el 2019 de un grupo de trabajo sobre salud digital, privacidad y menores donde se integraron numerosos organismos públicos y varias sociedades científicas, como el Consejo General de Colegios Oficiales de Médicos, el Consejo General de la Psicología y el de Psicopedagogos. Del trabajo de cinco años, surgieron, por consenso, una serie de medidas normativas y de acción estratégica.
- En febrero de 2024, se presentó la iniciativa de alcanzar un pacto de Estado promovida por relevantes organizaciones de la sociedad civil que tienen entre sus fines la protección de los derechos de la infancia y la adolescencia.
- El comité de personas expertas para la generación de entornos digitales seguros creado por acuerdo del Consejo

de Ministros del pasado 30 de enero de 2024, del que he formado parte, ha elaborado un informe con un diagnóstico de la situación, que describe las buenas prácticas y recomendaciones, medidas y actuaciones para contribuir a la protección de los menores. Este informe se ha visto por el Consejo de Ministros de fecha 3 de diciembre y en el siguiente enlace se puede acceder al diagnóstico y las medidas.[53]

A nivel normativo, han sido varias las iniciativas legislativas:

- La Ley Orgánica de Protección Integral a la Infancia y Adolescencia frente a la Violencia (Ley 8/2021) introdujo por primera vez, a propuesta de la Agencia, el concepto de *violencia digital*: «Toda acción, omisión o trato negligente que priva a las personas menores de edad de sus derechos y bienestar, que amenaza o interfiere su ordenado desarrollo físico, psíquico o social, con independencia de su forma y medio de comisión, incluida la realizada a través de las TIC, especialmente la violencia digital». En cualquier caso, se entenderá por violencia […] el ciberacoso, la violencia de género […], la extorsión sexual, la difusión pública de datos privados.
- El Consejo de Ministros aprobó, el 4 de junio de 2024, el Anteproyecto de Ley Orgánica para la Protección de las Personas Menores de Edad en los Entornos Digitales, que está pendiente de la tramitación en el Congreso; incluye medidas en los ámbitos educativo, sanitario, de la industria, consumo, penal, así como en materia de protección de datos

al elevar la edad de prestación del consentimiento para el tratamiento de datos personales de 14 a 16 años, como medida de protección a los menores frente a los contenidos nocivos, perjudiciales y no aptos para su etapa madurativa.

Esta última propuesta, de elevación de la edad para prestar el consentimiento para el tratamiento de datos personales, fue una propuesta aprobada de manera unánime por los integrantes del grupo de trabajo creado por la AEPD sobre *Menores, salud digital y privacidad*. Esta medida es esencial, puesto que afecta al consentimiento para acceder a redes sociales y coincide con la edad mayoritaria establecida en Europa: en diez países de la UE, la edad del consentimiento está establecida en 16 años, que coincide además con la edad en que los expertos en salud mental recomiendan el acceso a redes sociales.

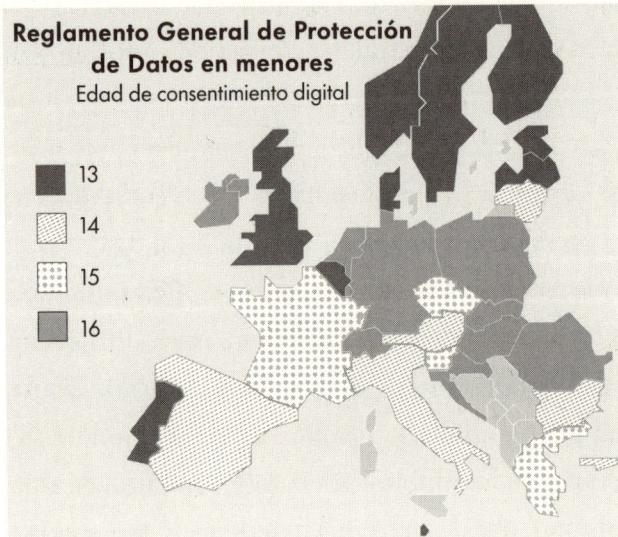

Fuente: Privo.

Del mapa anterior hay al menos un país que ha incrementado la edad de consentimiento para el tratamiento de datos personales, Dinamarca, que desde enero de 2024 la elevó a 15 años mediante una modificación de su ley de protección de datos.

Otras medidas muy positivas son la obligación de que los fabricantes de dispositivos incorporen por defecto herramientas de control parental, algo que ya ocurre en Francia desde este año con la ley Studer.

También se regula la obligación de que en los controles de prevención en el ámbito sanitario se incluyan protocolos en relación con el consumo de pantallas, algo esencial para concienciar y sensibilizar a las familias.

Sin embargo, echo en falta regulación o autorregulación a nivel nacional en relación con la publicidad y los patrocinios de las empresas y los servicios de internet, algo a lo que sí está obligado por ejemplo el sector del tabaco en cuanto a la publicidad y el farmacéutico en relación con los patrocinios y los efectos adversos de los medicamentos.[54]

Es un gran paso y confío en que la ley de protección a los menores en entornos digitales sea aprobada por unanimidad, incluyendo medidas tan importantes como la transparencia en el patrocinio de este tipo de empresas, al igual que hace la industria farmacéutica en su sector.

La industria puede dar pasos adelante con el compromiso de las personas y la sociedad. Cuando se quiere, se puede. Un ejemplo de ello es el Código de Buenas Prácticas de 2023 aprobado por Farmaindustria, donde entre otros aspectos se obliga a la transparencia en la publicidad de sus patrocinios.

Las familias se mueven: ALMMA

Uno de los pilares de la sociedad lo constituyen las familias, en toda su diversidad. Es el primer entorno de socialización, educación y formación en valores de los menores.

Es importante que estén sensibilizadas con la importancia de este tema y hagan escuchar su voz y sus necesidades. España es uno de los países de la Unión Europea que menos porcentaje del PIB dedica al gasto social en apoyo a las familias.

Según datos del Alto Comisionado contra la Pobreza Infantil, España solo invierte un 1,6 % de su PIB en apoyo a las familias, cifra muy inferior a la media del 2,5 % de la Unión Europea.

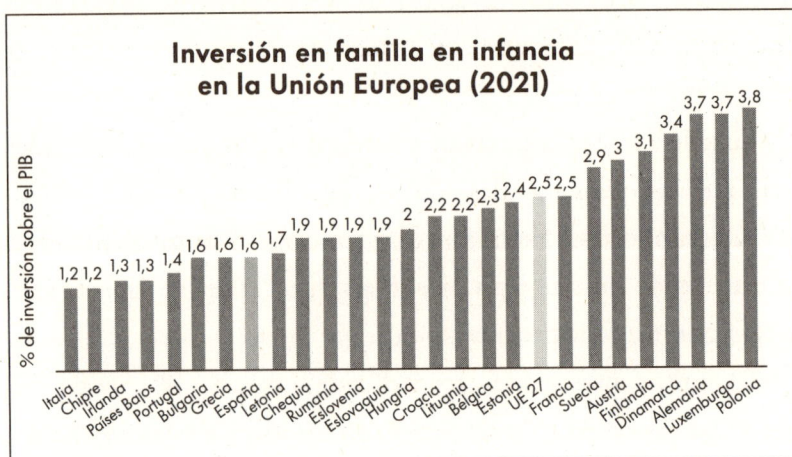

Fuente: Alto Comisionado contra la Pobreza Infantil.

Fue una alegría conocer la gestación del movimiento del grupo Adolescencia Libre de Móviles de España, que está formado por varias asociaciones constituidas en Cataluña, Madrid, Valencia, Málaga, Navarra y Vizcaya, además de otras muchas familias y grupos que aún no están constituidas como asociación, pero que llevan a cabo acciones similares.

Adolescencia Libre de Móviles nació en Poblenou, Barcelona, como respuesta a la creciente preocupación por el uso excesivo de teléfonos móviles con acceso a internet por parte de menores. Una de sus prioridades es retrasar la entrega de smartphones a los adolescentes hasta los 16 años o más, promoviendo un uso más responsable y saludable de las tecnologías digitales.

Este movimiento, que comenzó como una iniciativa local en noviembre de 2023, rápidamente se fue extendiendo por toda España. Más de treinta mil familias se involucraron en el proyecto. Se estableció una red de más de ciento cincuenta iniciativas locales. Promueven la educación desde edades muy precoces sin el dispositivo, el retraso en la entrega del smartphone, la regulación de las páginas de contenido de adultos y la declaración de las redes sociales como un problema de salud pública.

Demandan un pacto social para que las familias acuerden no entregar los smartphones a sus hijos antes de los 16 años, rebajando así la presión social que sienten tanto los padres como los propios adolescentes. Personalmente, después de todo lo vivido en la AEPD y el impacto que conozco en la salud y el comportamiento de los adolescentes, apoyo completamente esta iniciativa. De la misma forma que ninguna familia da alcohol o tabaco a menores, dar acceso a internet a menores de 16 años sin ningún tipo de control de horas de uso, contenido o acompañamiento puede provocar graves problemas y ser además uno de los conflictos diarios recurrentes en la vida familiar. Al igual que un menor de 16 años no puede conducir una moto y necesita pasar por unas clases teóricas y prácticas que acrediten que puede conducir sin riesgo para sí mismo y para terceros, un menor de 16 años no debería conducir libremente en internet sin un acompañamiento gradual.

Hay un principio básico en protección de datos: el de minimización. Si todas las familias se pusieran de acuerdo en dar teléfonos para menores, que permiten comunicación pero no dan acceso libre a internet, redes sociales, horario ilimitado, etc., estaríamos minimizando los daños a nuestros hijos y evitando la presión social. Debemos invertir la moda: si un menor tiene un smartphone ahora mismo es algo bien visto. Tengo muy presente el caso de la hija de una gran amiga mía, pediatra. Tiene 11 años y es de las pocas chicas de su clase que no tiene móvil. Cuando le preguntan las demás compañeras, ella contesta: «Mi madre me protege».

Ya es un debate social. El papel de los medios de comunicación

En este ecosistema, es esencial el importante papel que han jugado los medios de comunicación. En el año 2023, apenas se hablaba de este tema. Desde diferentes organismos, pedimos a los medios de comunicación que sensibilizaran sobre el impacto digital en las personas, tanto a las familias como a los poderes públicos.

Quiero resaltar mi agradecimiento por la respuesta y la importante labor que han desarrollado los medios de información en este ámbito, difundiendo los efectos perjudiciales del uso inadecuado de los servicios de internet y ayudando a crear una alarma social y una prioridad política en este ámbito.

Igual que en el año 2017 se acordó por los partidos políticos el Pacto de Estado contra la Violencia de Género, debemos conseguir como sociedad dos objetivos esenciales si queremos evolucionar hacia una sociedad que mantenga la dignidad y la esencia de la persona en su eje principal:

- Un **pacto social** en las familias para retrasar la entrega del móvil y concienciar sobre los efectos de un uso inadecuado de las redes sociales.
- Un **pacto de Estado** con medidas interdisciplinares donde el Estado, las comunidades autónomas y la Administración local trabajen en la misma dirección para minimizar y paliar este impacto en la salud pública de la población y los valores de nuestra sociedad.

Para terminar, es significativo el informe del CIS de febrero del 2024 sobre inseguridad en la red. Un 47 % de los españoles asegura que ha sufrido una estafa o intento de estafa en los últimos meses. El 93 % está a favor de prohibir el uso del móvil en la educación primaria y el 69,8 % en la educación secundaria.[55] Está claro que ya es mucha la población concienciada: ya solo tenemos que ponernos de acuerdo para remar en la misma dirección.

5
LOS TRES TESOROS DE LA VIDA: SALUD, TIEMPO Y CONEXIÓN AUTÉNTICA

Para aquel que no sabe hacia dónde navega,
ningún viento le es favorable.

SÉNECA

Cuando eres joven, presupones que la salud y el tiempo son un cheque en blanco que nunca se va a quedar sin fondos. Vas ganando en experiencia y vivencias con los años y la perspectiva cambia: sabes que el tiempo es limitado y que es crucial aprovecharlo con las personas y las actividades que de verdad más importan. Cada elección que tomamos sobre cómo usamos nuestro tiempo y con quiénes nos relacionamos es un reflejo real de nuestros valores y nuestra coherencia. Al mismo tiempo, el cuerpo va desgastándose progresivamente y adquieres más conciencia sobre la importancia de cuidarlo. Ya lo decían los clásicos: «Mens sana in corpore sano».

Si tienes claro tu propósito de vida, es mucho más fácil que tu tiempo y tus acciones estén dirigidos a ese compromiso. Si no lo tienes identificado, con esta atracción permanente de nuestra mente y nuestros sentidos en este mundo digitalizado es mucho más fácil acabar a la deriva. Y ese propósito de vida es lo que da fuerza y resiliencia. Uno de los libros que me ha impactado es del de Viktor Frankl, *El hombre en busca de sentido*. Este psiquiatra da testimonio de su terrible experiencia en un campo de concentración, donde perdió todo, salvo la libertad interior y la dignidad humana. Para su sorpresa, descubrió que los supervivientes no fueron las personas físicamente más fuertes, sino aquellas que tenían una finalidad clara en su vida, un propósito para cuando salieran del campo.

¿Sabías que Viktor Frankl creó la logoterapia, un método psicoterapéutico centrado en el sentido de la existencia y la búsqueda de sentido por parte del hombre, que asume la responsabilidad ante sí mismo, ante los demás y ante la vida?

El tiempo

> Solo hay una cosa más preciosa que nuestro tiempo
> y es en qué lo gastamos.
>
> LEO CHRISTOPHER

Si hay una certeza con la que contamos es que nuestro tiempo en esta vida es limitado y todos vamos a morir. Si ahora mismo supiéramos el número de meses, de años que nos quedan por vivir, seguramente nuestras decisiones sobre cómo empleamos el tiempo cambiarían.

Me apasiona todo lo que sea aprendizaje sobre uno mismo y técnicas de interiorización. Hasta hace unas décadas, las personas nos formábamos, madurábamos en función de nuestra trayectoria vital y personal. Ahora nos formamos también en función de nuestros hábitos digitales. Cuando desarrollamos nuestra faceta profesional, es inevitable afrontar las decisiones desde la totalidad de tu personalidad. Voy a compartir algunas facetas no conocidas que han influido mucho en convertirme en la persona que soy ahora y en el enfoque que he dado a la responsabilidad social de la AEPD.

Una de ellas es la práctica de yoga iyengar. Tuve la suerte de conocerlo cuando tenía 26 años y desde entonces ha sido un pilar fundamental en mi vida. El yoga me ha regulado, además de aportarme bienestar físico y vitalidad. Me ha enseñado a ir hacia dentro —lo contrario de lo que nos incita el mundo de internet—, a quitar capas que no importan, a ir a lo esencial, a conectar más conmigo misma y esa realidad superior a todos nosotros.

Otra área muy importante en mi vida, a la que he dedicado muchos años de formación, es todo lo relacionado con salud, neurociencia y apoyo a las familias. En el 2021, fundé con unas grandes amigas y profesionales una ONG, Fundevas, dedicada a apoyar la salud y el apego seguro en los primeros mil días de vida, la etapa más importante en términos de plasticidad cerebral con efectos en toda la vida adulta. He recibido formación teórica y experiencial sobre psicología pre y perinatal, *mindfulness* y meditación, y esto me ha permitido entender cuáles eran mis patrones de comportamiento, a mi familia, mi forma de reaccionar en lo personal y profesional. Casi nadie se preocupa por prevenir la salud y aumentar la consciencia de la población, eso es algo que no da votos y creo firmemente que es uno de los objetivos más importantes que tenemos los seres humanos para nuestra evolución: poner todo lo que esté en nuestra mano para aumentar nuestro bienestar emocional y consciencia para así poder acompañar a los demás. Cuando me estuve formando en *mindfulness* y salud, hubo una práctica que me impresionó y me gustaría compartir.

Antes de continuar

Primero, te invito a recordarte de niño o de niña, con 10 años: qué te gustaba hacer, con qué personas te sentías a gusto, cómo eras a esa edad.

Da un paso más en el tiempo hasta llegar a los 20: probablemente estés realizando estudios superiores o quizá ya estés trabajando, ¿qué ha cambiado en estos años? ¿Cuáles son tus prioridades?

Avanza a los 30, es probable que hayas dejado a tu familia de origen y estés en la etapa de tu vida adulta, tomando tus propias decisiones, ¿cuáles son los valores que importan?

Así, continúa con esta retrospección a los 40, los 50, los 60... Si no los has vivido, imagina cómo te gustaría que fueran y se desarrollaran, la persona que querrías ser, las actividades que te llene más hacer, los afectos que te gustaría que te acompañaran...

Ahora, te invito a hacer una proyección a tu etapa de vejez, ya sabes que te queda poco tiempo por delante y haces una revisión de tu vida: ¿de qué te sientes más orgulloso? ¿Qué errores has cometido y te gustaría reparar?

Y finalmente visualízate en tu lecho de muerte, estás rodeado de tus seres queridos y, cuando los miras y ves tu vida, recuerdas esos momentos felices vividos, los recreas y saboreas... Y te gustaría que te recordaran por algunas cualidades concretas como persona, esa que quieres que sea tu huella en sus corazones. ¿Cuáles serían?

Ahora aún estás a tiempo de replantearte las prioridades, ya sabes que donde pones tu atención, pones tu percepción, tu tiempo y tu energía. Internet y sus servicios pueden ser muy útiles, siempre que seas tú quien decida libremente cuánto tiempo pasas dentro y cómo lo quieres usar.

Lo podemos explorar de otra manera, con una práctica que a veces propongo en mis conferencias.

Práctica

Te invito a traer a tu presente uno de los momentos más felices de tu vida. Recuerda con quién estabas, qué estabas haciendo, qué ocurría en ese momento en tu vida, qué emoción sentías, cómo sentías tu cuerpo presente en esa situación, tu sensación de seguridad, de fuerza... Saborea esos momentos como si los estuvieras viviendo de nuevo, sintiendo cómo quizá cambia tu cuerpo y tus emociones cuando te transportas a esa situación...

Y ahora, lentamente, vas preparándote para volver al momento presente. Te planteo solo una pregunta: en ese momento tan feliz de tu vida, ¿estabas detrás de una pantalla? Seguramente no: lo más probable es que estuvieras delante de una persona, conectando profundamente con ella. ¿Qué pasaría si te lo hubieses perdido por haber estado con la atención puesta en la pantalla? ¿Te arrepentirías de saber que en realidad no viviste ese momento porque estabas mirando un reel que ni siquiera te interesaba? ¿Y si te dijera que quizá ya ha sucedido, que ya no has vivido el que habría sido el momento más feliz de tu vida porque estabas viendo un vídeo sobre recetas o caídas absurdas en Instagram?

Otra reflexión inspiracional que quiero traerte, por la importancia a la hora de concienciar sobre lo que realmente está en juego, son los **cinco arrepentimientos habituales de las personas antes de morir,** concretizados por la enfermera australiana Bronnie Ware, que escribió el libro *De qué te arrepentirás antes de morir. Los cinco mandamientos para tener una vida plena.* Estos cinco arrepentimientos son:

1. **No tuve el coraje para vivir una vida auténtica y fiel a mis propios deseos y expectativas,** en lugar de a lo que esperaban los demás de mí.
2. **Me hubiese gustado no haber trabajado tan duro.** Muchas veces, nos dejamos arrastrar por jornadas interminables mientras nos perdemos los mejores años del crecimiento de nuestros hijos. Nos metemos en el círculo vicioso de hipoteca, trabajo interminable y falta de tiempo para nosotros mismos y nuestra familia.

En mi caso, después de treinta y cinco años de trabajo en la Administración pública, he tomado la decisión de jubilarme, de forma voluntaria, para poder dedicar más tiempo a mis proyectos vitales y a mis seres queridos. Espero que en los próximos años que me quedan, que ojalá sean muchos, pueda reparar esa falta de tiempo, sobre todo a mis hijos, mi familia y amigos y a proyectos que van más allá de uno mismo. Es importante que asumamos un rol activo en nuestra vida, no somos víctimas de la hipoteca, la sociedad, etc., y siempre podemos tomar decisiones de acuerdo con nuestras convicciones y valores.

Desde mi experiencia personal, sucede algo «mágico», cuando tu vida comienza a desarrollarse de acuerdo con tus valores todo se facilita, hasta lo material. De repente, ya no es necesario empujar, a base de esfuerzo y trabajo, solo hace falta fluir y confiar. Me ha costado sesenta años interiorizar esto, por eso creo que lo mejor de mi vida está por llegar, porque se trata de vivir desde otro lugar, desde la fluidez, la coherencia y la confianza.

3. **Me hubiese gustado tener el coraje de expresar mis sentimientos a mis seres queridos.** Así es, nuestros seres queridos no estarán aquí para siempre, ni nosotros. No te quedes con un «te quiero» o un «perdón» pendiente.

4. **Me hubiese gustado estar más en contacto con mis amigos.**

5. **Me hubiese gustado ser más feliz, no disfruté plenamente de lo que tenía.**

Todos sabemos que hay momentos de gran felicidad que son gratis: el abrazo a un ser querido, el contacto con la naturaleza, un momento de paz interior y silencio... Y para alcanzar esos momentos, solo hace falta ese tiempo disponible y estar presentes para disfrutar plenamente el momento presente.

La salud

> Si alguien desea una buena salud, primero debe preguntarse
> si está listo para eliminar las razones de su enfermedad.
> Solo entonces es posible ayudarle.
> HIPÓCRATES

El cuerpo, la mente y el espíritu están interconectados. No todo depende de las decisiones personales: a veces nacemos con unos antecedentes genéticos que no nos benefician (¡o al contrario!), y hay también circunstancias externas que nos condicionan. Para poder vivir una vida plena, es muy importante gozar de buena salud y energía. Me gustaría compartir mi experiencia tras más de veinticinco años de práctica de yoga iyengar (actualmente practico dos horas diarias), una de las mejores decisiones que he tomado en mi vida. La buena salud no se puede comprar ni intercambiar, ni se puede adquirir por la fuerza ni con dinero. Para el yoga, la salud es el cultivo de la limpieza interna y externa, del control de la alimentación, del ejercicio adecuado, del equilibrio físico y mental y del descanso. Y dirás:

Mar, ¿qué tiene que ver el yoga con la protección de mis datos o las horas que paso en Instagram? Pues, si me permites el cambio de tono en el libro, lo descubrirás enseguida: MUCHO. Quédate conmigo, y después sacamos conclusiones juntos.

Uno de mis aprendizajes en la AEPD ha sido precisamente comprobar de primera mano cómo el mundo digital afecta no solo a la privacidad sino también a la salud, a la conexión interior y a la consciencia y presencia del ser humano. Por eso siento que es un compromiso personal mostrar estas facetas más personales mías, porque digitalización y su efecto en la salud y presencia están íntimamente unidas.

Si quieres potenciar tu vida, es esencial mantener la salud y cuidar del funcionamiento de los distintos órganos corporales, especialmente del sistema nervioso central y el sistema endocrino.

Hablemos del ayurveda, sistema de medicina india, con más de cinco mil años de antigüedad: según este sistema, la salud del cuerpo y la mente depende de lo que comemos, bebemos, vemos, escuchamos, sentimos y tocamos. La salud se integra en una concepción global del equilibrio y la felicidad del ser humano.

En el ayurveda, se describe la salud como la armonía perfecta de las funciones corporales, un metabolismo bien equilibrado y un estado sereno y feliz de la mente y de los sentidos.

Te pido que vuelvas a leer la última frase: **la salud es un estado sereno y feliz de la mente y de los sentidos.**

Volvamos por un momento a lo que nos trae a este libro:

internet y las pantallas. Conecta con la dirección a donde llevan las pantallas y los servicios de internet a tu mente y los sentidos: atrapan el sentido de la vista y del oído, los más afectados, que se dirigen hacia el exterior, para consumir productos o servicios, en múltiples ocasiones con patrones adictivos, dirigiendo nuestra atención a lo material, al consumo infinito, a lo que no tenemos...

Pero no queda ahí la cosa: el tacto se centra en una pantalla de cristal que nos atrapa tanto que a veces no percibimos lo que nos rodea, al punto de estar sentados de manera incómoda, apoyados al frío de una pared o quedándonos helados tras haber salido de la ducha y haber cogido el móvil antes siquiera de secarnos la piel. Y hablando de la piel, la de nuestra cara está demostrado que está envejeciendo con mayor rapidez por el efecto de la cercana luz azul de las pantallas durante horas y horas del día. En lugar de recibir la luz roja del sol dando un paseo, junto con la vitamina D que nos proveería, acariciar la corteza de un árbol o meter las manos en el agua de un arroyo.

Lo que vemos, escuchamos, «comemos» en el mundo digital impacta en nuestra forma de pensar y sentir y en nuestra energía. La próxima vez que vayas a conectarte, pregúntate, ¿lo que voy a ver, escuchar, aumentará mi salud y mi energía o las debilitará?

Como dice Brett McCracken en su libro *La pirámide de la sabiduría*, «comemos» demasiada información digital y demasiado rápido. Igual que vigilamos nuestra alimentación, deberíamos estar atentos a nuestra «alimentación digital».

Según McCracken, igual que en la pirámide nutricional, en la base están los alimentos de consumo mayoritario y mayor impacto en salud y en la cúspide aquellos que deben consumirse de forma excepcional por sus efectos en la salud física, del mismo modo deberíamos saber filtrar aquello que requiere de mayor cantidad de nuestra atención y lo que solo deberíamos consumir de manera esporádica. ¿Te has planteado cómo sería tu pirámide de consumo de tu tiempo? Coge papel y lápiz y hazlo ahora. Un ejemplo de pirámide de la sabiduría sería este:

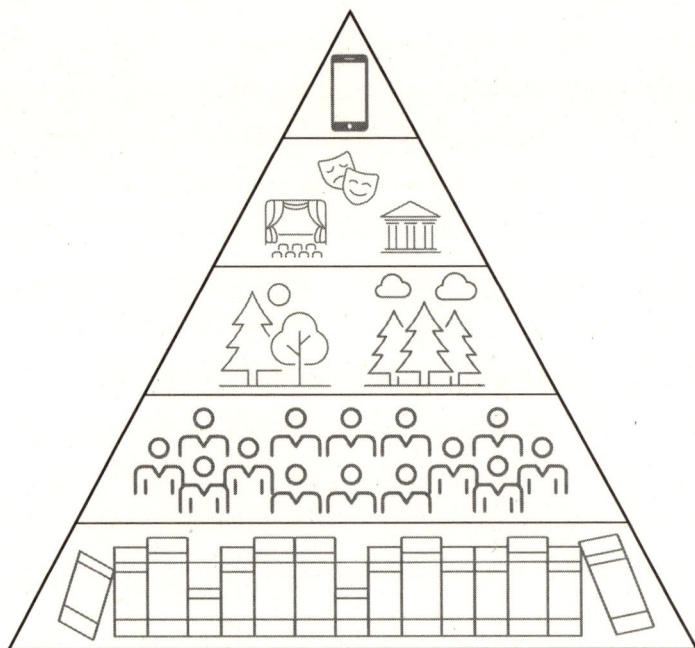

Nuestra mente es asediada con múltiples avisos desde el teléfono móvil, la pantalla, notificaciones, que nos llevan a prestar atención en **multitarea**, dispersando aún más nuestra capacidad de concentración y atención.

> ¿Sabías que el diccionario británico Oxford ha elegido como palabra del año *brain rot* o «podredumbre cerebral», que define como la sensación que se te queda tras pasar mucho tiempo viendo tonterías en internet?

Hay una investigación del neurocientífico Daniel Levitin publicada en la revista *Science* donde concluye que la multitarea es un mito y que tiene un coste neurobiológico, ya que se está constantemente conmutando la atención. Pedirle al cerebro que desplace la atención de una actividad a otra hace que la corteza prefrontal y el cuerpo estriado quemen glucosa oxigenada de forma tan rápida que nos sentimos exhaustos y desorientados incluso después de un corto periodo de tiempo. La multitarea daña el área del cerebro encargada de la inteligencia emocional. Levitin insiste en que hay que pasar de veinticinco minutos a dos horas trabajando en la tarea de una vez. Si se realizan múltiples tareas y le dedicamos menos de veinticinco minutos a una tarea difícil, se está apenas «entrando en calor antes de salir. La multitarea aumenta la producción de cortisol, la hormona del estrés, así como la adrenalina, la hormona de lucha o huida, que pueden sobreestimular el cerebro y causar confusión

ASÍ SE SOMETE A UNA SOCIEDAD

mental o pensamientos confusos. **La multitarea está relacionada con la adicción a la dopamina,** a la recompensa inmediata. Es la búsqueda constante de la novedad para recibir dopamina».

La Universidad de Standford[56] realizó un experimento entre personas habituadas a la multitarea y personas que no lo estaban. La conclusión es que el primero de los grupos pagaba un alto precio mental y no podían diferenciar lo importante de lo irrelevante.

Es decir, cuando estamos en multitarea o inmersos durante horas en el mundo digital, nos quedamos enganchados en estímulos irrelevantes y pagamos un alto precio con la estabilidad de nuestra mente.

En el fondo, lo sabemos: cuando nos enganchamos a una serie, a una red social durante mucho tiempo, nos levantamos embotados, con la mente adormecida. Si nos hemos conectado antes de irnos a dormir, nos cuesta más conciliar el sueño o este es más ligero que de costumbre.

Está demostrado, además, que si hacemos más de una tarea a la vez, por ejemplo, escribir al ordenador mientras contestamos un wasap, nuestro cerebro gasta mucha más energía que si hiciéramos las tareas de forma sucesiva.

La energía de nuestro cerebro es limitada
y la multitarea la agota.

En estos tiempos, nuestro sentido de la vista está hiperdesarrollado, los oftalmólogos alertan de una epidemia de miopía, incluso en personas que no tenían la predisposición genética. Vivimos con la zanahoria del consumo delante de nosotros, hiperestimulados... Además, como destaca Liana Netto, psicóloga, la atención basada en pantallas aumenta la mirada focal, que estimula el hemisferio izquierdo, perdiendo la mirada periférica, propia de estados de seguridad, que proporciona mayor equilibrio y seguridad y está más relacionada con el hemisferio derecho, asociado a las emociones, las relaciones, la creatividad, la conexión...

Como dice el doctor y psiquiatra Iain McGilchrist,[57] vivimos con el cerebro dividido, priorizando el funcionamiento del hemisferio izquierdo, más inclinado al ego, al propio interés, en detrimento del afecto, la empatía, la flexibilidad y la generosidad, propios del hemisferio derecho.

> «Para ver claro, basta con cambiar la
> dirección de la mirada».
> El Principito

Además de este agotamiento cerebral y esta agitación de la mente provocados por la multitarea, hay un impacto también en nuestras emociones, en nuestra forma de sentir. **A lo largo del día, miramos más a las pantallas que a los ojos de las personas que queremos.** Estas acciones, repetidas de forma continuada, van produciendo una desregulación emocional, una desconexión.

Antes hablábamos del oído y la vista afectados por las

pantallas, pero hay un sentido que es clave en la conexión con las emociones, el corazón y la sensación sentida de seguridad: el tacto. El tacto es el primer sentido que se desarrolla en el vientre materno en el feto y, junto con el olfato, son los dos sentidos esenciales para desarrollar el apego seguro y el vínculo entre la madre y el bebé.

El doctor Nils Bergman, conocido médico especialista en neurociencia perinatal, realizó un estudio para comprobar la seguridad y eficacia del cuidado con el método madre canguro con peso inferior a los dos kilos cuando se inicia poco después del nacimiento.[58]

A un grupo le aplicó el método canguro, esos bebés estaban las veinticuatro horas en el cuerpo de su madre, sintiendo su calor, su tacto y su olor. El otro grupo permanecía con la atención convencional en la incubadora. El comité de ética supervisor de este estudio ordenó suspender la investigación ante la mejoría sustancial de los bebés cuyos sentidos del olfato y el tacto estaban en contacto con sus madres, por el hallazgo de la reducción de la mortalidad en los bebés que recibieron cuidados canguros inmediatos.

Un informe pionero en este campo fue el del doctor René Spitz. Este psicoanalista quedó terriblemente impactado por el experimento de Federico II Hohenstaufen, emperador del Sacro Imperio Romano Germánico, obsesionado por saber si existía una lengua natural. Ordenó que recluyeran en una sala a treinta recién nacidos y que les dieran los mejores cuidados de la época, salvo por una excepción: no se les debía hablar ni tener ningún tipo de gesto o comportamiento que pudiera interpretarse de un modo afectivo o emocional por los bebés. Él pensaba que el lenguaje les surgiría espontáneamente. El resultado fue impactante: todos los bebés murieron sin excepción antes de llegar a los tres años.

René Spitz decidió estudiar a fondo las consecuencias de las privaciones emocionales en los primeros momentos de vida del ser humano y comparó, hace setenta años, a un grupo de niños criados en cunas de hospital aisladas con otros criados por sus madres en prisión:

- El 37 % de los niños criados en cunas aisladas murieron frente a ninguna muerte en el caso de los niños criados por sus madres en prisión.
- A su vez, los bebés en la cárcel crecieron más rápido y mostraron mejores resultados en diversas pruebas de salud.
- Los bebés huérfanos que sobrevivieron en el hospital tuvieron una tendencia más marcada a contraer enfermedades y a tener problemas psicológicos.

La oxitocina, también llamada la hormona del amor, aumenta cuando nos acarician, nos sostienen, sentimos nuestra piel. El tacto nos lleva al interior, a la emoción sentida del cuidado, a la seguridad.

Y, curiosamente, según un estudio de la Universidad de Standford, la vista es el primer sentido en retirarse a la hora de la muerte, y el tacto, junto con el oído, el último.

No hace falta que nos preguntemos ahora cuál es el grado de sensación sentida de seguridad y oxitocina ante las pantallas, donde el sentido de la vista se hiperestimula y, por el contrario, el del tacto se inhibe.

La conexión

Creo firmemente que el gran propósito de la vida humana es aprender a conectar con nuestro interior, con los demás y con el espíritu, con esa energía superior a nosotros que sostiene la vida de todos los seres. Por ello, veamos paso a paso el impacto del consumo excesivo de pantallas en estas relaciones:

La conexión con nosotros mismos

Para alcanzar una conexión con nosotros mismos es esencial poder dedicarnos tiempo de soledad, de silencio, de descanso visual. En el camino del yoga, uno de los ocho aspectos consiste precisamente en la retirada de los sentidos hacia el interior.

Según la filosofía del yoga y, específicamente, la del maestro B. K. S. Iyengar,[59] la mente solo tiene dos direcciones: puede ir hacia fuera, dejándose atrapar por los deseos, los objetos del mundo y los órganos de los sentidos, o hacia dentro, hacia la realidad suprema. Una de las vías más sencillas para que la mente desconecte del mundo exterior y la atención y la conciencia puedan ir al interior es llevando la atención a la respiración, que es el puente de unión entre cuerpo y mente.

Estamos tan desconectados de las sensaciones de nuestro propio cuerpo que difícilmente somos capaces de conectar con nuestras emociones. Tener la capacidad de darnos cuenta de lo que estamos sintiendo en el momento presente para poderlo regular y actuar en consecuencia con nuestros valores es clave para poder desarrollar una vida más plena.

Nuestro problema como sociedad es que, hasta hace muy pocos años, las personas solo se dejaban atrapar por los objetos de los sentidos, es decir, lo que vemos, escuchamos, tocamos, olemos y saboreamos, que existían físicamente donde vivían, mientras que nosotros tenemos a nuestro alcance, las veinticuatro horas del día, todos los objetos de consumo en cualquier parte del mundo a un solo clic.

Como apasionada de la neurociencia y de los factores que inciden en el buen funcionamiento del cerebro y el bienestar de la persona, me impresionó el estudio que realizó Richard Davidson en el año 2009 en su laboratorio de Estados Unidos, donde midió el cerebro de meditadores con más de diez mil horas de práctica para analizar si aumentaban en su cerebro las áreas relacionadas con la felicidad y para medir también el estrés y la irritabilidad, entre otras sensaciones. El cerebro más feliz fue el del monje y budista Matthieu Ricard, quien tenía mucho más desarrollada que la población media el área de la empatía y superó los propios límites previstos en el estudio.

Explica qué es la felicidad: «La felicidad no es simplemente una sucesión interminable de sensaciones placenteras, lo que parece más bien una receta para el agotamiento. Es más bien una forma óptima de ser que resulta del cultivo de muchas cualidades fundamentales como el altruismo, la compasión, la libertad interior, la resiliencia, el equilibrio emocional, el equilibrio interior, la paz interior y otros. A diferencia del placer, todas estas cualidades son habilidades que pueden cultivarse mediante la práctica y el entrenamiento de nuestra mente. La libertad interior es estar libre de cavilaciones y proyecciones mentales. Nuestra mente puede ser nuestro mejor amigo o nuestro peor enemigo; es la mente la que traduce las circunstancias externas en felicidad o desdicha. El principal obstáculo para esa libertad interior es la confusión mental, la falta de discernimiento y sabiduría». Para llegar a esos estados cerebrales, es necesario tiempo de soledad, de silencio, de paz y de contacto con la naturaleza.

En el mismo sentido, en los Yoga Sutra de Patanjali, los textos clásicos fundacionales del yoga, se define el yoga como **«la ausencia de fluctuaciones mentales»**.

Esta receta es justo el antídoto al efecto de los servicios de internet y está en las antípodas de lo que ofrecen los servicios de internet: podemos estar conectados las veinticuatro horas, sin descansar, sin estar en soledad conectada con uno mismo, oscilando de una tarea a otra y sin disfrutar de la naturaleza un día tras en otro..., ¿cuántas personas lo primero que hacen al llegar a casa es encender la televisión? ¿Quizá nuestras primeras acciones al levantarnos van dirigidas a encender el móvil? ¿Y las últimas al acostarnos?

> Nos hemos acostumbrado tanto al ruido de
> fondo que el silencio duele...

La conexión con los demás

> Si quieres conocer a una persona,
> no le preguntes lo que piensa, sino lo que ama.
> SAN AGUSTÍN

Thích Nhất Hạnh, célebre monje budista, decía que **el mejor regalo que le podemos dar a un ser querido es nuestra atención:** «Estoy aquí para ti». Él insistía, con esa sabiduría, humor y sencillez que le caracterizaban, que nuestra propia presencia es el regalo más maravilloso que podemos ofrecer a otra persona. Si no estamos presentes, con nuestro cuerpo, sintiendo nuestras propias emociones y en estado de regulación y coherencia, no es posible establecer una conexión real.

En este mundo voraz, en ritmo y actividades, nos pasamos la vida de una actividad a otra, cuando realmente lo que necesitamos es no hacer para poder dar un espacio a lo que estamos sintiendo. Sin darnos cuenta, de pantalla en pantalla, de acción en acción, nos vamos anestesiando.

Me entristece cuando voy a un restaurante y veo a una pareja mirando cada uno su móvil sin apenas conversar, o a una familia donde los niños están aparcados con el dispositivo móvil —el nuevo sonajero digital— para que no molesten durante la comida... Poco a poco, vamos perdiendo la comunicación auténtica sin apenas darnos cuenta.

Te invito a imaginar dos escenas: en una, una pareja juega con su bebé de un año, que hace poco ha aprendido a caminar. Todos ríen, se tocan, comparten espacio y presencia. En la otra, el bebé, algo más crecido, sostiene una pantalla, imitando lo que también hacen sus padres, que no le prestan atención. ¿Cuál puede ser la seguridad sentida y la memoria implícita de un niño, en plena fase de crecimiento, cuando no puede sentir a sus padres en conexión con él porque las pantallas están de manera frecuente interfiriendo la comunicación?

Ya se sabe el efecto de las **neuronas espejo**, descubiertas por Rizzolatti en 1996. Este investigador descubrió en el cerebro de los monos un tipo de neuronas que se activan no solo cuando el individuo realiza una acción concreta, sino también cuando observa a un congénere realizar la misma acción. Los niños aprenden por imitación y su comportamiento será uno u otro dependiendo también de si el cuidador principal está presente (y el niño se siente percibido y atendido) o distraído mirando la pantalla. Te recomiendo visualizar el vídeo que dejo en la siguiente nota, donde se ve la misma escena entre un padre y su hijo en dos circunstancias distintas: en una, el padre está presente para su hijo; en la otra, tiene la atención en el móvil. Por supuesto, tanto la reacción del bebé como la conexión entre ellos son muy diferentes en una y otra.[60]

La conexión es fundamental para la salud mental del ser humano. La conexión con el entorno, la conexión con los demás y la conexión con uno mismo. Quizá, cuando hablamos de apertura a la experiencia, nos referimos a eso: a conectar.

Hay un experimento que representa muy claramente esto. Se llamó *still face experiment*[61] o «experimento de la cara inmóvil». En este vídeo, una madre interactúa con su bebé de forma innata, con la mirada, el corazón, con la prosodia, modulando el ritmo de voz… Súbitamente, la madre, siguiendo las indicaciones de los investigadores, se queda paralizada, sin sonreír, mirando a su bebé de forma fija, neutra, sin reaccionar a las emociones de su hijo.

El bebé intenta de todas las formas posibles captar la atención de su madre (le sonríe, señala con el dedo hacia un punto…) y la madre sigue inmóvil, sin expresión emocional. Se puede ver cómo, en menos de un minuto, el bebé va desregulándose hasta que es invadido por el estrés y el llanto.

En la misma línea, Ruth Feldman realizó un estudio[62] en el que hacía que una madre y su bebé interactuaran, conectando de hemisferio derecho a hemisferio derecho, mediante las caricias, la mirada, la prosodia, y descubrió que en ambos aumentaba la oxitocina (la hormona del amor) y algo mucho más sorprendente: sus ondas cerebrales y las ondas del corazón se sincronizaban.

Los adultos tenemos un importante papel
como reguladores de nuestros hijos e hijas
en la infancia temprana.

Imagina otra escena: la protagonizan dos personas en la segunda etapa de mayor conexión neuronal e influencia en nuestro comportamiento con efectos en toda la vida adulta, que es la adolescencia temprana. En una de las escenas, dos amigos se dan la espalda, sentados sobre un banco, mientras miran sus dispositivos electrónicos. En la otra, se miran a los ojos, sonriendo, mientras escuchan una canción compartiendo unos auriculares. ¿Cuál es la diferencia en la comunicación y la conexión cuando nos podemos sentir y mirarnos a los ojos? El ser humano es un ser social, que necesita sentir que pertenece y es visto y escuchado, en toda la profundidad del término.

Un conocido estudio de Harvard, de casi ochenta años de antigüedad, ha demostrado que abrazar la comunidad nos ayuda a vivir más y a ser más felices. El *Estudio sobre el Desarrollo de los Adultos*, el más largo sobre felicidad jamás llevado a cabo, se realizó a 268 estudiantes del segundo año de Harvard durante la Gran Depresión y se amplió para incluir a sus hijos (1.300), para averiguar cómo las experiencias de la primera infancia no solo afectan a la salud, sino también al envejecimiento.

La gran revelación es que cuidar el cuerpo es importante, pero cuidar las relaciones es una forma de cuidarse a uno mismo. Según Robert Waldinger, psiquiatra del Hospital General de Massachusetts: «**Nuestras relaciones y lo felices que somos en ellas tiene una poderosa influencia en nuestra salud. La soledad mata. Es tan poderosa como el tabaco o el alcoholismo**».

Si en un restaurante ves a una pareja cogida de la mano, sonriéndose y hablando, y al lado a otra que no se dirige la palabra en toda la velada porque está mirando la pantalla del teléfono móvil, ¿te aventurarías a decir cuál de ellas tiene mayor comunicación y capacidad de felicidad? La vida se construye a base de hábitos con las decisiones conscientes que realizamos cada día.

Volviendo al ya mencionado informe publicado en el 2024 por la Fundación ONCE *Barómetro de la soledad no deseada en España*, este arroja conclusiones alarmantes:

- Como ya adelanté, el colectivo más afectado es el de la juventud.
- La mitad de la población sufre soledad no deseada en el presente o la ha sufrido en el pasado.
- Dos de cada tres personas que sufren esta soledad llevan esta situación desde hace más de dos años y un 59 % desde hace más de tres.

La conexión con el espíritu

En el yoga, la meta suprema es la realización del sí-mismo, para conectar con el espíritu superior que todos llevamos dentro.

Me gustaría compartir contigo una leyenda hindú. Se cuenta que hubo un tiempo en que todos los seres humanos eran dioses. Pero abusaron tanto de su divinidad que, Brahma, el Señor de los Dioses, decidió quitarles su divinidad y esconderla en algún lugar en el que les resultara difícil encontrarla. La gran dificultad era dar con el escondite adecuado.

Cuando convocó en consejo a los dioses menores para resolver este problema, estos le propusieron: «Enterremos la divinidad del ser humano bajo la tierra». Pero Brahma respondió: «No, no será suficiente. Seguro que el ser humano cavará la tierra y la encontrará».

Entonces, los dioses replicaron: «En ese caso, arrojemos la divinidad del ser humano en el más profundo de los océanos».

Pero Brahma volvió a responder: «No, porque más tarde o más temprano, el ser humano explorará las profundidades de los océanos, y es seguro que un día la encontrará y la sacará a flote».

Los dioses menores se dieron por vencidos: «No sabemos dónde ocultarla, ya que parece que no hay, ni sobre la tierra ni bajo el mar, ningún lugar al que el ser humano no vaya a llegar algún día».

Entonces Brahma dijo: «Mirad lo que vamos a hacer con la divinidad del ser humano: la ocultaremos en lo más profundo de sí mismo, ya que es el único lugar en el que no se le ocurrirá buscar».

Desde aquel tiempo, cuenta la leyenda, el ser humano ha dado la vuelta al mundo, ha explorado tierras desconocidas, ha escalado las mayores alturas del planeta, se ha sumergido en los océanos y ha cavado la tierra, buscando algo que se encuentra en su propio interior.

Según Ramana Maharshi, «el dorado átomo del ser se ha de encontrar en la cámara derecha del corazón, aproximadamente a un dedo de distancia de la línea central del cuerpo. Aquí reside el corazón espiritual dinámico. Mediante la meditación puedes aprender a encontrar el ser en la cueva de este corazón».

Respetando todas las creencias y la posición de quienes no creen, ya los estudios de física cuántica muestran la existencia de un campo energético superior que transciende a la materia. Recomiendo el libro del doctor Manuel Sans, *La supraconciencia existe.* Tras estudiar las experiencias cercanas a la muerte de sus pacientes, pudo comprobar que existe una conciencia que existe más allá de la mente y el cuerpo. En su libro, analiza con pruebas científicas desde diferentes áreas (física cuántica, neurociencia, etc.) la existencia y el funcionamiento de esta supraconciencia, que todos compartimos.

Para llegar a alcanzar esa meta, difícil y en muchas ocasiones lejana, es esencial dedicar tiempo a pulir el cuerpo, dominar los sentidos y aquietar la mente, lo que nos permitirá ir hacia dentro.

Pues bien, estas tres conexiones esenciales, con uno mismo, con los demás y con nuestro ser superior, se pierden con el uso excesivo de pantallas, además de la salud y el tiempo.

Es el momento de que pasemos a la acción. Es importante

que partamos de que, en este tema, esencial para el devenir del ser humano y la sociedad, debemos trabajar en ecosistema: la responsabilidad de la acción abarca desde la persona individual, a las familias, el sistema educativo y sanitario, la acción pública desde los Gobiernos, la responsabilidad de la industria, la acción de los organismos reguladores y, por supuesto, los medios de comunicación.

Desde cada persona

Es importante recordar que el primer cambio empieza en nosotros mismos. En el capítulo 7 sugiero algunas acciones que nos pueden ayudar a aumentar nuestra salud digital y, por tanto, nuestra salud mental, a disfrutar con plenitud de nuestro tiempo y a mejorar la conexión. Cada acción que tomamos puede conectar con la vida, con la autenticidad del ser humano, o irse hacia la materia, al consumo infinito, a los deseos inagotables.

El cambio profundo es de dentro a fuera, lo contrario del modelo de la sociedad digital donde es esencial invertir en marketing digital, en lo externo, con independencia de la calidad del producto o servicio.

Es un proceso largo, en muchas ocasiones difícil y doloroso y, al mismo tiempo, es el único método que garantiza resultados verdaderos.

Justo este proceso es el contrario a lo que vemos en los

vídeos en las redes sociales donde en veinte segundos una persona se maquilla y se transforma, ofreciéndote la píldora de una felicidad externa, fácil de conseguir y tan pasajera como el mismo vídeo en sí.

Vivimos en un mundo donde lo que se comercializa y vende es el marketing, el aspecto externo de un producto o servicio, a veces sin que esté lo suficientemente maduro o sea de calidad.

Cabe recordar que, cada vez más, las empresas y servicios de internet contratan psicólogos y neuroexpertos, profundamente conocedores del funcionamiento de nuestro cerebro y de la hormona de la recompensa. Somos captados por el algoritmo sin ser siquiera conscientes de ello.

Compramos lo que antes se posiciona en el buscador o en la plataforma, objetivo que las empresas consiguen destinando una parte importante de su presupuesto a las campañas de marketing y posicionamiento digital, no a mejorar la calidad del producto.

> Para poder tener libertad interior y una mente serena, es esencial el control de la atención voluntaria para compensar esa atracción del algoritmo a nuestra atención involuntaria.

Y como todos los procesos auténticos de la vida, el cambio debe venir desde dentro hacia fuera, empecemos por nosotros mismos para pasar después a nuestro ámbito familiar y, por último, a los espacios sociales.

Comencemos por nosotros mismos.

«El carácter se manifiesta en los grandes momentos,
pero se construye en los pequeños».
Winston Churchill

Higiene digital: tiempos sin pantallas

Te propongo la **regla 2 × 2 × 2 × 2**: dos horas sin pantallas al levantarnos, durante las comidas y cenas, en tiempo de ocio y antes de acostarnos.

Sé que al principio puede resultar imposible, mucho más si trabajamos ocho horas o más tiempo con pantallas. Podemos ir haciendo cambios progresivamente y que en lugar de dos horas comencemos por encontrar huecos de una hora sin pantallas, o incluso periodos más cortos, pero siempre con la intención de ir aumentándolos.

Dos horas desde que te levantas sin pantallas.
Conciencia corporal: atención a la postura y la respiración

El primer momento del día es un momento esencial que pue-de hacernos aumentar la energía o perderla. Si nada más levantarnos nos conectamos por ejemplo a ver las noticias —que normalmente son malas noticias que aumentan nuestro estrés—, esta información que estamos recibiendo afectará a nuestro sistema nervioso y probablemente se activará nuestro sistema nervioso simpático, pues lo que está recibiendo nuestro cerebro es información relacionada con conflictos políticos, guerras, inestabilidad. Nuestro sistema endocrino generará cortisol, la hormona del estrés, y tendremos ya una activación en alerta y una desregulación que nos costará mucho compensar.

Si, por el contrario, decidimos que estas dos primeras horas del día son sagradas, pues es nuestro reseteo diario, nos levantamos con tiempo, realizamos algún ejercicio de meditación o de respiración y después nos orientamos a nuestros valores superiores, a esas prioridades por las que sentimos que nuestra vida tiene sentido, y solo después de haber realizado la limpieza externa del cuerpo e interna de la mente y el cuerpo, nos conectamos al mundo exterior, te aseguro, desde mi experiencia de estos años, que la vida cambia profundamente.

¿Cuál es la diferencia? Si empiezas el día conectando con tu interior, vives desde tu eje, centrado, y es mucho más difícil que las personas o las situaciones que vives después en el día alteren tu sistema nervioso central.

En mi caso, la práctica de yoga me ha regalado (no sin esfuerzo) salud, energía, bienestar y, poco a poco, va transformando el carácter y conectando con los aspectos esenciales de la vida.

Cuando de verdad he sentido esta transformación más intensa ha sido cuando incorporé la práctica de la respiración profunda, llamada pranayama, a mi rutina diaria. Cada día, esté donde esté, practico cuarenta minutos aproximadamente de pranayama.

La **respiración** es el vínculo entre el cuerpo y la mente. Es el aliento de vida, el prana. Podemos vivir cuarenta días sin comer y varios días sin beber, pero si nos falta el aire, al cabo de unos minutos fallecemos.

Mi maestro de yoga suele decir que la calidad de vida de una persona se mide por la calidad y profundidad de nuestras respiraciones. Cuando sentimos tensión, nuestra respiración se vuelve superficial, inestable, y el diafragma se cierra, impidiendo que la energía suba hasta la zona superior de nuestro cuerpo.

Cuando la respiración divaga, la mente también es inestable.
Pero cuando la respiración se calma, la mente también
se aquieta y el yogui tendrá larga vida. Por lo tanto,
uno debe aprender a controlar la respiración.
Hatha yoga Pradipika

Antes de continuar

Es fácil comprobarlo uno mismo: conecta con una situación de estrés o peligro en tu vida, donde te hayas sentido amenazado, y repasa las sensaciones en tu cuerpo.

Cuando se activa el sistema simpático, en respuesta de lucha o huida, la respiración se vuelve corta y superficial, normalmente se retiene y no pasa del diafragma. Igual que las hojas se mueven con el viento, la mente se mueve con la respiración. Una respiración corta, rápida y superficial incide en una mente errante; una respiración larga, lenta y profunda calma el sistema nervioso y es una de las mejores técnicas para reducir la ansiedad. La regulación de la respiración tiene un efecto neutralizador en la mente.

Todas las asanas —posturas de yoga— van dirigidas a abrir el pecho y llevar la respiración a la parte superior torácica, generando una expansión.

Cuando somos conscientes de **nuestra postura corporal**, andamos y nos sentamos con la espalda y los hombros abiertos y llevamos la respiración hasta las clavículas, estamos energizando nuestro sistema nervioso y enviando al cerebro información de fuerza y equilibrio.

El 80 % de la información es aferente, es decir, sube desde las vísceras, a través del nervio vago, al cerebro, y la postura corporal es esencial en nuestro equilibrio y bienestar. Cuerpo, mente y espíritu actúan como una unidad.

Imagina en un momento cuál es la posición corporal de una persona deprimida y triste: se encoge para protegerse, cierra el pecho, los hombros, y su espalda se inclina, la mirada baja hacia el suelo, entrando así en un ciclo vicioso de retroalimentación: se siente triste, cierra el cuerpo y esta postura corporal aumenta su tristeza y así sucesivamente...

«Sin alineación no hay relajación del cerebro».
B. K. S. Iyengar

Visualiza ahora estas dos imágenes: en una, la persona, practicante de yoga, está con la espalda recta, el pecho expandido, la mirada serena, relajada. En la segunda, su pecho se encoge, la espalda se curva, hay contracción en sentido vertical y horizontal, la mirada se reduce a la pantalla del móvil, hay menos espacio para la respiración… ¿Cuál es la información que está recibiendo el cerebro en una y otra situación?

Esto mismo lo puedes observar en esta imagen.

Mi admirada neurocientífica Nazareth Castellanos insiste mucho en cómo «la postura corporal influye en la regulación de las emociones, tanto en vivir una emoción concreta como en recuperarnos en el caso de emociones negativas. Por ejemplo, estar encorvados se asocia a un mayor índice de pensamientos negativos frente a estar recto».

En el año 2017 la Universidad de Ámsterdam estudió cómo la postura puede ser clave para recuperarse de una emoción. Para ello, evaluaron el impacto de la postura corporal sobre la regulación de las emociones en más de doscientas personas. Sus resultados encontraron que mantener una postura encorvada (propia de estados negativos) dificulta el proceso de recuperación. Trabajar sobre la corrección de la postura corporal, la consciencia de nuestra postura e incorporar al cuerpo en técnicas de regulación emocional puede contribuir significativamente a la recuperación de estados de alteración de salud mental.

De igual modo, según la nueva teoría de «la mente corporeizada», el cerebro «ve» la postura corporal para intuir el estado mental.[63]

Imagina a un corredor, en las Olimpiadas, que acaba de ganar la carrera de su vida. Tras cruzar la meta, ¿cuál es su posición corporal? La imagen que a mí me viene es la de una persona sonriendo, con las piernas abiertas y, normalmente, los brazos extendidos y estirados hacia arriba en posición de victoria, ocupando el mayor espacio posible. Lógicamente, esta postura corporal retroalimenta su emoción de alegría, triunfo y poder.

Hay una charla TED muy interesante de Amy Cuddle, profesora de la Universidad de Harvard, *Cómo el lenguaje corporal moldea nuestra identidad,* donde explica los efectos de la postura corporal en el sistema endocrino y, por tanto, en las emociones.[64]

En este sentido, te recomiendo también los libros de la neurocientífica Claudia Croos-Müller, *¡Adelante!* y *¡Ánimo!*, donde con ilustraciones que sirven para niños, pero también para adultos, propone varias posturas corporales y faciales muy sencillas para regular las emociones de miedo y estrés.

Cuerpo, mente y espíritu forman una unidad. Cuando recibimos tensiones a lo largo de la vida, nuestro cuerpo interior se contrae. Si a ello le sumamos la contracción de la postura corporal cuando miramos la pantalla del móvil, donde se acorta el espacio vertical, curvando la espalda, y se encoge el espacio horizontal (pecho y diafragma), es difícil que el espíritu pueda expandirse, pues el espacio interno se va cerrando. Mientras terminaba de escribir el libro, escuché en una clase de yoga una frase clave: «El alma se ensancha cuando el diafragma, la garganta y los ojos se relajan y se expanden».

Después de practicar pranayama, en ayunas, me oriento cada día a mi ser superior y a esa energía invisible que nos sostiene, y me recuerdo mi **propósito de vida. ¿Por qué es importante? Porque me ayudará a tomar las mejores decisiones en relación con mi uso del tiempo.**

A veces, la vida se desarrolla muy rápido: nos emparejamos, tenemos hijos, nos hipotecamos, vamos superando retos familiares, personales, profesionales, y no nos paramos a pensar ni un momento en qué queremos invertir nuestro tiempo y salud, cuáles son nuestros talentos y cómo podemos ser más felices porque sentimos que los estamos desarrollando. En suma, vivimos sin pararnos a reflexionar sobre nuestro proyecto de vida.

Muchas veces, estos planteamientos vienen después de una gran crisis vital, que te hace replantear todos los cimientos sobre los que has construido tu vida.

Está demostrado que aquellas personas que tienen un propósito de vida más allá del bienestar del ego, que ya sabemos que es insaciable, y actúan para crear mayor bienestar en su entorno son más felices, son personas con «**ego de bajo consumo**» (me encanta esta expresión). Recuerda la práctica de imaginar que estás en tu lecho de muerte: ¿cómo te gustaría que te recordaran tus seres queridos? ¿Cuáles habrán sido los valores más importantes desarrollados? ¿Tu contribución a la sociedad?

Si dedicamos nuestro tiempo y esfuerzo al consumo, a dejarnos atrapar por la mente hacia los objetos de deseo, si permitimos la captación involuntaria de nuestra atención, ya sabemos el resultado. Como decía Ernest Hemingway: «Quien ha empezado a vivir más seriamente por dentro empieza a vivir más sencillamente por fuera».

La filosofía del yoga insiste en que la conciencia solo tiene dos direcciones: puede moverse hacia prana, la respiración, la energía vital, o hacia los deseos, y se va en la dirección de la fuerza más potente. Si prevalece la prana, los deseos son controlados, los sentidos sujetos, y la mente se aquieta. Si el deseo se impone, la respiración se vuelve irregular y la mente se agita.[65]

Está comprobado también que cuando ese propósito de vida tiene un alcance que beneficia a los demás y está centrado en el altruismo, las personas se sienten más felices. Practicar la generosidad en nuestro sitio de trabajo nos hace más felices, esto es lo que dice un estudio de la Universidad de California Riverside.[66] Según el estudio, las personas más generosas se muestran menos irritables, tienen mejor apetito, mejor calidad de sueño y reducen sus síntomas depresivos, entre otros beneficios.

Otro estudio, esta vez por parte de la Universidad de Harvard,[67] nos habla de que **las cosas materiales solo hacen que nuestra satisfacción a corto plazo aumente y no necesariamente nuestra felicidad a futuro.** Si tienes claro este propósito y te lo recuerdas cada día, una vez que has limpiado internamente el cuerpo y la mente con la respiración, es mucho más probable que seas más consciente y puedas valorar si tus hábitos y tus decisiones te acercan o te alejan de este propósito.

A estas alturas del libro, es probable que te estés diciendo: «Sí, muy interesante, pero yo no tengo tiempo para nada de esto». Te puedo asegurar que yo también me lo decía a mí misma hace bastantes años, hasta que me di cuenta de que no era una cuestión de tiempo sino de prioridades. No importa lo ocupado que estés, sino en qué decides ocupar las dieciséis horas del día en las que estás despierto, cómo eliges gestionar tu tiempo. Además, si te encuentras ante esta disyuntiva, es muy probable que ese tiempo que podrías dedicar a la meditación y la respiración ya lo estés gastando viendo vídeos en internet.

Las decisiones que tomamos cada día sobre cómo utilizamos el tiempo tienen una relación directa con nuestros valores y propósito de vida.

«No es que tengamos poco tiempo,
es que desperdiciamos mucho de él».
Sócrates

La atención es nuestro mayor recurso cerebral, es como la levadura: donde ponemos la atención, la experiencia se amplifica. En muchas ocasiones, el problema es que nuestra atención es automática, no se puede regular a voluntad y, en este mundo digitalizado, vivimos saturados y rodeados de «atrapadores de nuestra atención».

Cuando fui consciente de esto, decidí que iba a limitar las series de televisión después de cenar, para poder acostarme antes y tener el tiempo disponible por la mañana para empezar el día regulada y orientada. Puedo asegurar que el bienestar que me aporta cada día es muy muy superior a las series o las redes sociales que he dejado de ver.

¿Sabes cuánto tiempo se mantiene un trabajador en la misma pantalla antes de desviar su atención a otro dispositivo o estímulo? En el año 2004, la media era de 150 segundos (dos minutos y medio). En el 2021, disminuyó un 70 %: cayó a 45 segundos.

El comienzo de tu día define el ritmo y el rumbo en que se va a desarrollar. Si te levantas sin tiempo, desayunas rápido y te conectas a los dispositivos de forma inmediata, es fácil imaginar el estado en el que te sumerges de manera inconsciente.

Dos horas sin pantallas en la comida y la cena

Hoy en día vivimos, sobre todo en las grandes ciudades, donde los desplazamientos suponen una parte considerable de tiempo, siguiendo un ritmo rápido e inmediato, y, muchas veces, la cena es el único momento del día entre semana durante el cual podemos compartir tiempo en familia.

Sin embargo, no quiero centrar este apartado en el tiempo de calidad con la gente que nos importa, puesto que ya el resto del libro insiste bastante en ello. Pero ¿y si te dijera que lo que comes no es lo único que importa en el proceso de nutrirte, sino también cómo lo comes? La nutrición es esencial para el correcto funcionamiento de nuestro metabolismo, pero no solo importa lo que comemos, sino también el ritmo con que lo hacemos, si masticamos bien, si estamos presentes durante el proceso… ¿Sabes que la digestión comienza en la boca, y si masticamos lentamente y activamos la salivación, las enzimas de la saliva empiezan a descomponer el alimento antes de que llegue al estómago? No en vano, muchas religiones incorporan el agradecimiento previo al momento de ingerir el primer bocado: aunque hace miles de años no se supiera el porqué, sí sabían ya que así, con ese momento de conexión, de bajar el ritmo y poner nuestra atención en la comida, mejoraba la salud digestiva, y con ella, la salud completa del cuerpo.

El cuerpo y la mente se alimentan de diferentes formas: el cuerpo de la alimentación y el aire que respiramos, el prana, la fuerza vital. Si comemos alimentos naturales, no preparados, saludables y respiramos aire puro nos nutrimos. Si comemos alimentos no saludables, procesados, aire contaminado, nos vamos desvitalizando.

La mente también se nutre o desvitaliza según lo que permite que llegue a ella con los estímulos externos: lo que vemos, lo que escuchamos, nos puede nutrir o desvitalizar.

¿Te has preguntado alguna vez cómo te sientes después de escuchar una canción armónica o de heavy metal, de ver imágenes violentas en un telediario o imágenes que generan armonía y conexión? Es importante prestar atención a lo que permites que reciba tu mente, en este mundo digital en esencia desde lo que vemos y escuchamos.

Te propongo un pacto sencillo: comidas y cenas sin pantallas, es un momento para ti y tu familia, de conectar y compartir el día.

Dos horas de ejercicio físico, lectura, ocio sin pantallas

Todos tenemos responsabilidades que nos limitan el tiempo. Quizá las tuyas sean unos hijos, una familia que atender, o una vida profesional que no da respiro. Pero, sea cual sea el caso, es imprescindible encontrar horas en el día para la actividad física.

Y, por supuesto, hay que intentar que esa actividad sea sin pantallas.

Personalmente, recomiendo actividades físicas que no se queden solo en el aspecto físico más externo: vivimos en una era de culto al cuerpo, que tarde o temprano dejaremos al morir. Todo el deporte actúa no solo en el cuerpo físico, sino en el fisiológico, mental y emocional, energético y espiritual, pero algunos le dan una importancia clave a estos aspectos, y esos son, en mi opinión, los que más necesitamos en este siglo tan convulso: el yoga, el taichí, el chi kung, las artes marciales.

Si tienes una hora al día disponible, ¿no prefieres aprovecharla para que sea de alto impacto?

En cuanto a la lectura, son numerosísimos los estudios que nos avisan de su importancia para la mente. Las pantallas están disminuyendo progresivamente nuestra atención. Los niños de ahora no pueden concentrarse para leer los libros que nosotros leíamos, y nosotros como adultos tampoco.

Donde ponemos nuestra atención, ponemos nuestra percepción, y estas decisiones de lectura pueden hacernos ir hacia dentro, hacia nuestros valores y propósito de vida o hacia el exterior, la materia.

¿Es lo mismo empezar el día leyendo textos elevados, de grandes pensadores, grandes místicos de la humanidad que leyendo las noticias? No solo comemos por la boca: en esta sociedad, más que nunca engullimos información y energía a través de la vista, de las pantallas, y la información que leemos también aporta o disminuye nuestra energía y nuestro bienestar. Y recuerda lo que hablábamos antes sobre los sentidos: nada reemplaza la quietud, el silencio, el tacto en nuestras manos que nos proporciona un libro físico, mientras que si leemos en pantalla la distracción está aún más cerca, al alcance de nuestra mano. Recupera la magia de volver a leer en papel, está demostrado que se activan áreas cerebrales diferentes que la mera lectura en pantalla.

Dos horas antes de irnos a dormir sin pantallas

Ya está probado que la luz azul de las pantallas disminuye la melatonina y afecta a la calidad del sueño. Además, la profundidad y la función reparadora del sueño guarda relación directa con los últimos pensamientos y actividades que tenemos antes de irnos a dormir.

Ya hemos hablado de la importancia de la lectura, pero como sé que no siempre se tienen ganas o concentración para leer, hay otras maneras de traer el pensamiento al momento presente antes de dormir: un baño caliente ayuda también a relajarse, un momento de contacto, una buena conversación...

Hay muchas formas de acabar el día y, aparte de las mencionadas, una de las mejores es agradeciendo por todo lo que has vivido y lo que tienes. El mundo actual nos acosa con ofertas infinitas de productos y servicios: si dejamos que el ego y la mente se vean arrastrados, nuestra insatisfacción será permanente.

Si por el contrario nos orientamos a lo que tenemos, a lo bueno de nuestra vida, y cada día damos gracias al menos por tres cosas, situaciones, personas, por pequeñas que sean, te aseguro que esto acaba convirtiéndose en un hábito. Poco a poco, cuando despiertes por la mañana y de manera inconsciente, orientarás tu día a estar presente y a ser consciente de qué aspectos puedes agradecer.

Un estudio realizado por la Escuela de Negocios de la Universidad de Chicago demostró que «decir gracias puede mejorar la propia felicidad de alguien, y también puede mejorar el bienestar de la otra persona [quien recibe las gracias], incluso más de lo que anticipamos».[68]

Desde las familias. La necesidad de un pacto social. El cambio cultural necesario

Como destacan los pediatras, las familias juegan un papel fundamental en la relación de sus hijos con los dispositivos digitales, de cara a un uso saludable y seguro que les evite situaciones de riesgo. Para ello, hay que empezar por concienciarlas y dotarlas de recursos para que puedan acompañarlos en su inmersión en el mundo digital. Lo primero que hay que saber es que **el concepto de nativo digital es un mito**.

En el 2001 Marc Prensky acuñó el término *nativo digital* para designar a los sujetos que habían crecido con la red y el progreso tecnológico. Se decía que los jóvenes que nacieron con internet y las redes sociales tenían una habilidad tecnológica innata para navegar en el mundo digital, procesar información y realizar múltiples tareas. Sin embargo, este concepto ha sido desafiado por estudios que revelan importantes limitaciones en las habilidades digitales de los jóvenes y las peligrosas implicaciones que tiene asumir incorrectamente que los jóvenes son expertos digitales solo por haber nacido en la era de internet, como, por ejemplo, que no son conscientes de los riesgos.

Es importante que las familias reflexionen cuándo y cómo quieren introducir los dispositivos digitales en la vida de sus hijos e hijas. Y que sean conscientes de que, una vez introducidos y establecidas las normas de uso, luego es muy difícil dar marcha atrás.

Mi consejo, desde mi experiencia estos años escuchando y aprendiendo de las sociedades médicas: **cuanto más retrases la entrega del smartphone a tus hijos, mejor.**

Hazlo de forma gradual, acompañando. Igual que nadie le daría un coche a su hijo con 14 años (y ni siquiera es legal), en la conducción digital debe haber un acompañamiento progresivo. Hay móviles para menores, que permiten recibir llamadas y enviar mensajes y que quizá a edades tempranas, cuando el menor pasa a secundaria, pueden ser una opción adecuada. Desde el comité de personas expertas hemos recomendado de forma consensuada medidas importantes, como la número 22, que aconseja:

- No exponer a los niños y niñas de 0 a 3 años a los dispositivos digitales.
- Evitar el uso de dispositivos digitales de los 3 hasta los 6 años.
- Desde los 6 años hasta los 12, limitar el uso de los dispositivos con acceso a internet y priorizar las actividades vivenciales, deportivas, en contacto con la naturaleza y el entorno físico y presencial. Si se decide que se utilice un dispositivo, siempre bajo la supervisión de un adulto, para acceso puntual y con límites prefijados únicamente a contenidos adaptados a su edad y capacidad.

- De 12 a 16 años, priorizar el uso de teléfonos analógicos, sin acceso a internet, si se estima que son necesarios. Si se entrega un teléfono inteligente, que tenga herramientas de control parental, sin caer en el error de que sea la única medida que se tome.

La Asociación Española de Pediatría acaba de actualizar sus recomendaciones y va más allá:[69] **cero pantallas hasta los 6 años y solo una hora al día entre los 6 y los 12.**

La tecnología es positiva si se sabe usar bien y con moderación. Valora la madurez de tu hijo o hija y los riesgos antes de darle el móvil, luego puede ser tarde. En los riesgos entran no solo el acceso a contenidos, sino las horas de uso y los espacios. Si dejas que tu hijo tenga el móvil en su habitación sin ningún tipo de límite, los riesgos y los problemas pueden aumentar.

Te recomiendo que veas la campaña que llevamos a cabo desde la AEPD en colaboración con Unicef «Más que un móvil»,[70] que se acompaña de *La guía que no viene con el móvil*, dirigida a las familias. En forma de decálogo se recogen las recomendaciones y consejos que se han de tener presentes con motivo de la entrega del primer móvil a los hijos. E incluye un modelo de contrato para pactar con tu hijo o hija las normas antes del primer uso.

También es importante establecer supervisión parental. En el citado estudio de Unicef se observa que estos mecanismos suponen una disminución significativa de parte de las prácticas de riesgo online.

Y un consejo para invitarte a la reflexión: si no dejarías que tu hijo pequeño fuera a ver un espectáculo de sexo o a un casino, no le permitas acceso ilimitado a internet.

Ya en la primera parte del libro te mencioné la campaña «No a la barra libre digital», pero déjame ahora hablarte de la que pusimos en marcha en noviembre del 2024, desde la AEPD, en colaboración con el Consejo General de la Psicología de España: «Hay más riesgos en internet que en la vida real»,[71] para concienciar a las familias sobre este acceso temprano e ilimitado y su impacto en la salud. Ninguna familia sana ofrecería alcohol o drogas a sus hijos e hijas y, sin embargo, les regalamos los dispositivos a edades tempranas, con accesos ilimitados y sin ser conscientes, en muchas ocasiones, del daño que esto puede producir en su neurodesarrollo y su salud mental.

Estamos ante una responsabilidad compartida por todo el ecosistema digital. Tras la pandemia, esta profunda transformación digital se ha consolidado en nuestras casas sin que nos hayamos podido plantear siquiera si era un invitado al que quisiéramos acoger las 24 horas del día los 365 días del año, y que paseara a sus anchas por todas las habitaciones de nuestra casa.

Por mucho que queramos a una persona, si lo tuviéramos invitado en nuestra casa más de un tiempo prudencial, acabaríamos cansados, con las rutinas, la intimidad de nuestro hogar afectada, problemas de convivencia, etc. Y, sin embargo, hemos sentado en el sofá del salón e incluso en nuestro dormitorio a la tecnología, de forma cuasi permanente, sin haber podido valorar los efectos y los riesgos de esa invitación sin límites.

Conductas problemáticas y supervisión parental

El hecho de que los progenitores establezcan una serie
de normas con relación al uso de los diferentes dispositivos,
si bien no implica una disminución del uso problemático de internet,
sí que implica una disminución significativa de buena parte
de las prácticas de riesgo online.

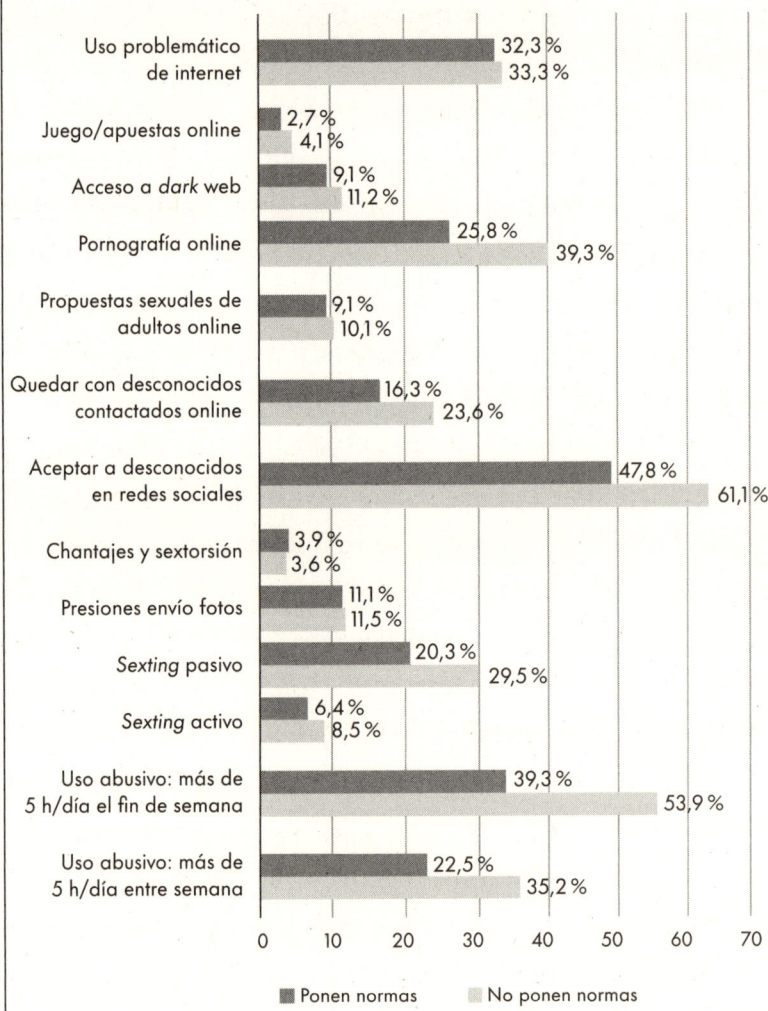

Conducta	Ponen normas	No ponen normas
Uso problemático de internet	32,3 %	33,3 %
Juego/apuestas online	2,7 %	4,1 %
Acceso a *dark* web	9,1 %	11,2 %
Pornografía online	25,8 %	39,3 %
Propuestas sexuales de adultos online	9,1 %	10,1 %
Quedar con desconocidos contactados online	16,3 %	23,6 %
Aceptar a desconocidos en redes sociales	47,8 %	61,1 %
Chantajes y sextorsión	3,9 %	3,6 %
Presiones envío fotos	11,1 %	11,5 %
Sexting pasivo	20,3 %	29,5 %
Sexting activo	6,4 %	8,5 %
Uso abusivo: más de 5 h/día el fin de semana	39,3 %	53,9 %
Uso abusivo: más de 5 h/día entre semana	22,5 %	35,2 %

Fuente: AEPD y Dale Una Vuelta.

Decía que la transformación debe empezar por uno mismo, los demás no cambian, el único poder de cambiar está en nosotros. Y para ello, es importante construir espacios y tiempo, ya sea en la vida familiar o a título individual, alejados de pantallas.

A continuación, voy a presentarte el Plan Digital Familiar, impulsado en el 2022 por la Asociación Española de Pediatría, dirigido a dar pautas, desde la evidencia científica, del uso máximo de pantallas por edades para que no afecte a la salud. Además, ofrece recomendaciones para que los usuarios hagan un buen uso de los medios digitales con el fin de aprovechar las ventajas que aportan y reduciendo los riesgos para su salud y bienestar. Recomendaciones adaptadas a las necesidades de cada familia y a la edad de los menores que la componen.

El Plan establecía en un primer momento pautas sobre el número máximo de horas de uso de las pantallas por edades, incluyendo los tiempos de ocio y de aula. De 0 a 2 años se debería evitar su uso; de 3 a 5, utilizarlo menos de una hora diaria, y a partir de 5 años, menos de dos horas de ocio digital al día.

Ha sido tal la evidencia científica y los perjuicios que los profesionales de la pediatría están viendo en las consultas que recientemente han actualizado las pautas, incrementando las edades donde se debe proteger de uso de pantallas:[72]

- **0 a 6 años:** cero pantallas, incluida televisión.
- **7 a 12 años:** máximo una hora de pantalla diaria, incluida televisión, tiempo escolar y deberes.

- **13 a 16 años:** máximo dos horas de pantallas diarias, incluida televisión, tiempo escolar y deberes.

Estas pautas van más allá que las recomendadas por el comité de expertos, donde además de las personas expertas en salud había personas expertas en educación, privacidad, derechos, participación, etc. Mi criterio, después de mi experiencia con el grupo de trabajo en salud digital, menores y privacidad donde participaron las sociedades científicas, es seguir el principio máximo en salud y aplicar el criterio de prudencia, y ante la duda, seguir las pautas más restrictivas de la Asociación Española de Pediatría. Si ya sabemos que la infancia temprana es el momento de mayor plasticidad cerebral y la adolescencia la segunda ventana de oportunidad para proteger el neurodesarrollo de nuestros hijos e hijas, invito a una reflexión y a aplicar estas pautas, tanto en las familias como en la educación.

Ya hay evidencia científica sobre el perjuicio y los riesgos de la salud física, emocional, mental y la creación de hábitos de comportamientos perjudiciales si se consumen las pantallas en exceso en la infancia y la juventud. Lamentablemente, creo que queda mucho por hacer por llevar estas pautas al sistema educativo. Conozco, por el testimonio de familias concienciadas y preocupadas, escuelas infantiles que usan pantallas, colegios que obligan desde los 8 años a las familias a comprar una tablet para hacer los deberes en formato digital, centros docentes donde si sumas la enseñanza lectiva digital y las horas de deberes se excedería con mucho las pautas dadas

Plan Digital Familiar
Recomendaciones generales para las familias

✔ Apagar los dispositivos electrónicos que nadie esté usando.

✔ Evitar el uso de dos o más dispositivos a la vez.

✔ Establecer límites de tiempo para el uso de pantallas: de 0 a 2 años se debe evitar su uso, ya que no hay un tiempo seguro. De 3 a 5 años menos de una hora diaria y a partir de 5 años menos de dos horas de ocio digital al día.

✔ Fomentar el ejercicio físico en familia, ya que se sabe que cuanta menos actividad física se hace, más tiempo se dedica a las pantallas.

✔ Evitar los soportes de pantallas para el carrito, para el coche, etc. Esto aumenta el tiempo de pantalla y les impide ser conscientes del entorno que les rodea y poder relacionarse con él. Buscar alternativas como dormir, jugar, escuchar música o comentar el paisaje.

✔ Usar dispositivos con una postura adecuada, hacer descansos cada 30 minutos y realizar paseos cortos y estiramientos.

✔ Evitar tiempos prolongados de pantallas retroiluminadas y la consiguiente fatiga visual. Debemos seguir la regla del 20/20/20: cada 20 minutos de exposición a la pantalla, parpadear 20 veces y fijar la mirada a un objeto lejano durante 20 segundos.

✔ Planificar rutinas y actividades sin pantallas a diario según la edad, ratos de desconexión: juegos, manualidades, pintar, leer, etc.

✔ Establecer zonas libres de pantallas como el dormitorio o el baño. Podemos elegir un lugar para dejar los dispositivos cuando no los usamos, un «aparcamiento de dispositivos».

✔ Reducir su uso en zonas de juego y durante las comidas.

✔ Evitar el uso de pantallas 1-2 h antes de acostarse.

✔ Atención plena sin distracciones cuando estemos estudiando, trabajando o en los tiempos en familia. En esos momentos, dispositivos silenciados o apagados y fuera de la habitación.

✔ Fomentar el uso creativo de las tecnologías: crear un álbum de fotos familiar o vídeos, buscar información juntos sobre algo que nos genere curiosidad, etc.

✔ Elegir contenidos apropiados a la edad de los niños y asegurarnos de que vienen de fuentes fiables.

✔ Estar presentes y conocer los contenidos. Revisarlos antes de que acceda el niño para poder decidir si son adecuados o no. Evitar el uso de «dispositivos niñera» y estar junto a ellos cuando usen las pantallas.

✔ Fomentar en los niños el pensamiento crítico.

✔ Trabajar la empatía digital: ser capaz de ponerse en el lugar del otro y entender que, tras las pantallas, lo que hay son personas.

✔ Cederles nuestros dispositivos antiguos en vez de regalarles uno nuevo, ya que, si regalamos un dispositivo nuevo al niño, entenderá que es suyo y le costará más aceptar la supervisión de sus padres.

✔ Antes de ceder un dispositivo, realizar el Plan Digital Familiar y establecer límites claros en tiempos, espacios, tiempos de desconexión, pedir permiso para comprar o instalar aplicaciones, entre otras.

✔ Hacer revisiones periódicas de los dispositivos con los hijos. Si lo hacemos con ellos no vulneramos su intimidad y les ayudamos a detectar riesgos de forma precoz y encontrar soluciones.

Fuente: Asociación Española de Pediatría.

por los médicos. ¿Para cuándo llegará esa sincronicidad entre el sistema educativo y los profesionales de la salud?

Quiero reconocer la magnífica labor que realizan los docentes, que sufren en su piel en el día a día la falta de atención del alumnado, los problemas de ciberacoso, etc., y tienen que enseñar en condiciones mucho más difíciles en este aspecto que las que tuvimos la actual generación adulta. Mi llamamiento es a los responsables de la educación a nivel nacional y autonómico, para que escuchen a los expertos en salud y apuesten por algo esencial: la prevención y la garantía del adecuado desarrollo del alumnado.

Espacios sin pantallas

Todos cerramos la llave de nuestra casa al salir para protegerla, pero a veces el peligro puede estar dentro sin que nos demos cuenta. De igual modo que cierras la puerta, protege tu hogar también blindando espacios y tiempos sin pantallas, tiempo de calidad en familia. La tecnología puede ser un aliado en nuestra vida, pero siempre que no sea invasiva: no en el dormitorio, por favor. ¿Sabías que los altavoces inteligentes pueden tener acceso y grabar las conversaciones y las actividades que se desarrollan donde están?

No olvidemos que somos mamíferos: igual que los animales se van a una cueva, a un lugar protegido a parir, a guarecerse, crea espacios en tu casa libres de pantallas, como el dormitorio, por ejemplo, donde los dispositivos no estén ni siquiera para cargar la batería. Igual que al pasar el control de un aeropuerto dejamos los dispositivos en la cesta para el control de seguridad, diseña tus propios espacios y momentos sin pantallas. En el caso de los menores, cuando se inician en el consumo de pantallas, es esencial que se haga en lugares comunes, como el salón. Y recuerda, nuestros hijos e hijas aprenden con nuestro ejemplo, si ven que los adultos se meten con las pantallas en su habitación o en el baño, perderemos la legitimidad para decirles que ellos no lo hagan.

Cuando luego decidas conectarte, lo disfrutarás más, al igual que el tiempo de calidad que pasarás en familia o contigo mismo en estos espacios sin pantallas. Es importante desarrollar un pensamiento autocrítico, ser conscientes de nuestra vulnerabilidad para poder tomar decisiones que refuercen nuestra humanidad y nuestra libertad.

Todo esto, sin embargo, por muy beneficioso que sea, puede quedarse corto si lo hacemos de manera aislada, sin involucrar a las personas de nuestro ambiente. Imaginemos que ya hemos protegido la esfera personal y la familiar: sigue siendo necesario dar un paso más. Si nosotros somos conscientes, pero las familias de los compañeros de nuestros hijos no lo son y dan un smartphone a edades tempranas sin acompañamiento o sin control parental, tanto nuestros hijos como nosotros mismos vamos a sufrir la presión social de la entrega del móvil.

Y ya sabemos que, cuanto más tarde entren en redes sociales, mejor será para su neurodesarrollo.

A veces, es necesario echar la vista atrás y ver cómo la sociedad ha evolucionado para bien. Recuerdo que, cuando era más joven, no era costumbre ponerse el cinturón de seguridad para conducir, y hoy es un hábito que tenemos adquirido.

También, conocemos ya los efectos del alcohol y del tabaco y tenemos leyes para evitar que los menores de edad los consuman. Sin embargo, con el consumo de pantallas, de apps, de videojuegos, etc., todavía no hay conciencia social de que un uso desmedido, y especialmente a edades tempranas, puede afectar gravemente al bienestar, desarrollo, valores éticos y comportamiento de la persona, dejando una huella que puede durar toda la vida.

Según las últimas encuestas,[73] el 85 % de las familias

preferirían retrasar la entrega del móvil inteligente en el paso de primaria a secundaria, pero acaban cediendo por la presión social de la clase. ¿Y si todas las familias o la mayoría de la clase se pusieran de acuerdo en retrasar la entrega de dispositivos digitales de uso personal a los menores?

Lo cierto es que necesitamos la colaboración de toda la sociedad para lograr cambios: necesitamos impulsar un gran pacto social para concienciar a las familias de la importancia de estos acuerdos. Desde ALMMA, Adolescencia Libre de Móviles, ya se está haciendo, cientos de miles de familias están pactando.

Desde el sistema educativo

Conozco de primera mano la profesionalidad, la implicación y el compromiso del profesorado, y el esfuerzo que hacen por paliar y acompañar a los niños y niñas que más apoyo necesitan.

Sé que la capacitación digital y la competencia curricular son importantes. Quiero destacar que los centros educativos son un espacio clave para educar, sensibilizar y concienciar en el uso responsable de internet y los servicios digitales. Las tecnologías pueden mejorar considerablemente la enseñanza con métodos interactivos y digitales; sin embargo, al mismo tiempo, si se utilizan en exceso en el ámbito docente, también pueden suponer un riesgo. Los datos aportados por las personas del comité de expertos son:

- Disminución de la capacidad de atención, concentración y memoria de trabajo.
- Merma en la comprensión lectora y los hábitos lectores. El informe *Pisa 2022* nos alerta: «Más allá de un uso hasta una hora de TIC, los resultados académicos no mejoran, y empeoran con un uso intensivo».
- Afectación en la capacidad interpretativa de los textos y toma comprensiva de apuntes.
- Merma en el razonamiento matemático utilizando pantallas o programas digitales.
- Desplazamiento de la escritura a mano y de habilidades manuales.
- Retraso y empobrecimiento del lenguaje y la comprensión oral.
- Empeoramiento del rendimiento académico.

Asimismo, el Centro de Investigación Económica Ragnar Frisch ha destacado el descenso por primera vez del coeficiente intelectual, entre 2,5 y 4,3 puntos desde el inicio del milenio. En este sentido, la UNESCO, en su informe *Gem 2023*, destaca que el aumento del uso de pantallas en la educación y el ocio afecta negativamente al autocontrol y la estabilidad emocional de los estudiantes, y aumenta sus niveles de depresión y ansiedad.

En este tema no puede haber recetas mágicas ni unilaterales: necesitamos que todo el ecosistema se armonice para proteger y asegurar la salud y el bienestar de la humanidad y las nuevas generaciones que vendrán. Al igual que la educación vial comienza ya en infantil y desde el colegio se enseña a los niños a cruzar la calle o a esperar a que el semáforo deje de estar en rojo, y solo se puede conducir cuando se ha aprobado un test de teoría y un examen práctico, debemos introducir la capacitación digital sin necesidad de que se haga desde las pantallas a edades tempranas, y acompañando de forma progresiva a los menores.

El cambio debe empezar en el individuo, en la persona adulta, para después alcanzar a las familias y poder colaborar con las acciones del sistema educativo y sanitario. Y a su vez, es un movimiento en dos direcciones: los centros docentes pueden hacer mucho por concienciar y sensibilizar a las familias.

Cuando mis hijos eran pequeños, las referencias y sugerencias que me daba su pediatra o el profesor tenían un valor incalculable. Por ello, es esencial la labor de concienciación y sensibilización a las familias y al alumnado que realizan los centros docentes.

Holanda ha prohibido el uso del smartphone en las instalaciones educativas, Suecia ha anunciado que dejará el plan de digitalización en las aulas para volver a los libros de texto después de comprobar que los estudiantes que utilizaban dispositivos electrónicos tenían un rendimiento académico muy bajo en comparación con los demás, Francia prohibió el uso de los teléfonos móviles en las escuelas en el 2018, en Italia está prohibido en todos los niveles educativos, en Reino Unido hay una prohibición interna en el 98 % de las escuelas...

¿Qué se puede hacer en los centros? Ya hemos mencionado directrices generales a lo largo del libro, pero voy a proponer ahora algunas ideas concretas y remitirme a las ciento siete medidas que consensuamos en el comité de personas expertas para el desarrollo de un entorno digital seguro para la juventud y la infancia. De ellas, destaco algunas relevantes en el ámbito educativo:

- **Medida 7: potenciar los elementos del currículo educativo que fomentan las habilidades para la vida,** favorecen el bienestar y la salud de los menores y adolescentes y dan respuesta a preocupaciones sociales que les afectan: entornos digitales seguros, alfabetización mediática e informacional, educación afectivo-sexual y educación para la salud.
- **Medida 8: reforzar los contenidos referidos a la educación afectivo-sexual.**
- **Medida 10: potenciar la figura del coordinador o coordinadora de bienestar y protección.** Esta figura, que se creó en la Ley de Protección Integral a la Infancia y la Adolescencia Frente a la Violencia, necesita ser reforzada. He ido a centros, a charlas con alumnos, donde no conocían quién era el profesor que les podía ayudar ante cualquier problema en el entorno online, a profesores desbordados de tareas y responsabilidades donde, además de la carga lectiva que ya tenían, debían asumir esta nueva función sin medios adicionales. Si queremos realmente garantizar

un entorno seguro, debemos apostar en serio porque los apoyos sean reales.

- **Medida 11: regular los dispositivos tecnológicos propios del centro a través del Plan Digital de Centro.** Sabemos que en nuestro país las competencias educativas son exclusivas de las comunidades autónomas y que también en la Conferencia Sectorial de Educación, las CC. AA. se reúnen con el Ministerio de Educación para pactar acciones de interés general. En esta medida se dan pautas y límites para la digitalización de la enseñanza, que ya se han quedado obsoletos si tomamos como referencia las últimas pautas de la Asociación Española de Pediatría, pues se indica por ejemplo que en educación infantil no se utilizarán dispositivos digitales individuales, aunque se permitirá el uso de herramientas didácticas colectivas bajo la supervisión adecuada del profesorado, evitando el uso de dispositivos digitales en el tramo de 0 a 3 años. (La Asociación Española de Pediatría recomienda cero pantallas en el tramo de 0 a 6 años).

- **Medida 12: regular los dispositivos tecnológicos privados en los centros escolares.** Esta medida va muy alineada con el acuerdo unánime que consiguió el Consejo Escolar del Estado, en enero del 2024, que dio un paso muy importante: prohibir el uso de los móviles en primaria y limitar su uso, por razones de salud o pedagógicos, en secundaria.

En las comunidades autónomas donde se prohibió el acceso al recinto escolar, se han detectado dos ventajas claras:[74]

— Disminución del ciberacoso.
— Aumento de siete meses del rendimiento escolar en los niveles de lengua y matemáticas.

Si a los hábitos de descanso digital que empiecen a incorporar las familias podemos añadir los periodos lectivos de descanso del móvil, logramos de una forma efectiva y gratuita minimizar el impacto de su uso, así como fomentar el rendimiento escolar, la práctica de actividades deportivas y las relaciones sociales.

Además, en el caso de que los centros docentes decidan que para una actividad pedagógica los menores deben traer su dispositivo personal electrónico a clase, es importante que conozcan el informe de la AEPD sobre *Responsabilidades y obligaciones en la utilización de dispositivos digitales móviles en la enseñanza infantil, primaria y secundaria* publicado en septiembre del 2024.[75]

Las conclusiones son claras:

— Este tipo de tratamientos deben superar el juicio de ido-neidad, necesidad y proporcionalidad. Es decir, si se pueden utilizar dispositivos del centro, que tienen los adecuados controles de seguridad y privacidad, no se cumplirían estos principios al exigir traer el dispositivo personal.

— Si el menor trae el móvil porque el centro lo ha pedido con fines pedagógicos y, por ejemplo, luego se realiza un *sexting*, un caso de ciberacoso, esto puede dar lugar a responsabilidad administrativa por infracciones en privacidad por parte del centro docente, que actúa como guardador de hecho. Y todo ello compatible con la posibilidad de reclamación de daños y perjuicios en la vía jurisdiccional civil de los que podrían ser responsables los centros docentes.

— **Atención a los deberes digitales: debería darse la opción a las familias de elegir los deberes en papel y estar eliminados en la etapa de educación primaria en formato digital.** Si tú obligas a una familia a comprar un dispositivo electrónico para que hagan los deberes en formato digital en primaria, estás fomentando la captación de la atención y un uso inadecuado.

— **Todas las herramientas digitales que se utilicen en el sistema educativo deben por obligación legal haber superado una evaluación de impacto en privacidad.** El comité de expertos para el desarrollo digital seguro para la juventud e infancia ha sido claro: ante una posible colisión de derechos, debe prevalecer el derecho a la salud.

• **Medida 13. Formación en el ámbito familiar.** Esta medida es muy importante, puesto que hasta que la concienciación no se extienda también al sistema de salud, los centros docentes pueden convertirse en el primer entorno seguro para las familias, que, en ocasiones, no tienen las habilidades necesarias digitales para lidiar con sus hijos en este tema.

- **Medida 14. Ofrecer alternativas no digitales para el tiempo de ocio.** ¡Qué importante trabajar en materiales educativos no digitales, formación a profesionales y herramientas de evaluación! Sé que vamos contra corriente, es mucho más influyente y poderosa la industria digital. Al mismo tiempo, recuerdo las fiestas de cumpleaños de mis hijos, con 7, 8, 11 años. Los juegos que más les divertían eran los tradicionales: carreras de sacos, correr con una cuchara con un huevo duro sin que se les cayera, el pañuelo, etc. Podemos incorporar lo mejor del mundo analógico y el mundo digital, sin perder las oportunidades que cada mundo nos ofrece.

Desde la salud

Lo cierto es que estamos ante una epidemia mundial que está afectando a la salud física, mental y la forma de relacionarnos como sociedad, por lo que creo que deberíamos llamar a las cosas por su nombre y plantear este impacto como un **problema de salud pública**.

Aunque ya hemos insistido en ello numerosas veces a lo largo del libro, cabe recordar que es esencial **concienciar a las** familias sobre los efectos del consumo digital a edades tempranas y en la adolescencia, remitiendo a las recomendaciones de la Asociación Española de Pediatría, ya que el cerebro no termina de madurar hasta los 25-30 años y los menores y jóvenes son especialmente permeables a su influencia.

Una de las medidas que va a tener más impacto, incluida en el Anteproyecto de Ley de Protección a los Menores en el Mundo Digital, es **incluir en las revisiones periódicas de control del niño sano el consumo digital.**

Exigir la **necesidad de evaluación del impacto en la salud de los menores cuando se va a implementar una herramienta educativa** sería otra medida de importante impacto. Al igual que no se daría una medicina a un menor sin que antes se hayan validado y contrastado los beneficios y los efectos secundarios, las herramientas educativas digitales, antes de su adopción, deben pasar el juicio de idoneidad, necesidad y proporcionalidad. Hay países, como Australia, que directamente han decidido prohibir el acceso de menores de 16 años a redes sociales precisamente alarmados por sus efectos en la salud. **Al igual que ocurre con el tabaco, se hace imprescindible regular la obligación de publicitar los efectos nocivos en la salud a toda la industria relacionada con el ecosistema digital,** desde fabricantes de dispositivos, industria de internet, empresas de telecomunicación, etc.

Desde Europa y los Gobiernos

En la pasada legislatura europea se dio un salto de gigante con la normativa que se aprobó en el sector digital. En esta que acaba de comenzar, quedan pendientes aspectos tan importantes como la puesta en marcha del Reglamento de Inteligencia Artificial, la aprobación del Reglamento CSAM (*Child Sexual Abuse Material*), relativa al abuso sexual infantil, etc.

Otras posibles ideas, algunas de ellas recogidas en las ciento siete medidas propuestas por el comité de personas expertas:

- Aprobar y exigir a la industria un sistema de verificación de edad que cumpla con los principios establecidos por la AEPD y que haya sido probado con éxito en los principales sistemas operativos (Android, iOS y Windows).
- Al igual que se prohíbe la venta de alcohol o tabaco a menores de 18 años, podría valorarse la prohibición de venta de un smartphone a menores de 16 años. En el Congreso, se ha presentado esta petición, con más de sesenta y tres mil firmas solicitando esta medida.
- Obligar a la industria a publicitar los efectos perjudiciales del consumo excesivo de pantallas, al igual que ocurre con el tabaco o el alcohol.
- Publicitar los patrocinios a expertos y empresas, al igual que ocurre en España con el sector de la farmaindustria.
- Otra posibilidad sería aprobar un reglamento integral

para la protección de los menores que incluyera lo previsto actualmente en el borrador de CSAM, donde se obligue a la verificación de edad efectiva en aplicaciones de mensajería instantánea y *appstores* y la retirada de contenido en un máximo de una hora, como ya hace el Reglamento de Contenido Terrorista; la obligación desde el sistema operativo o el dispositivo en el caso de menores de limitar el tiempo de conexión a una red social, entre otras.

- Ampliar el listado de la comisión de empresas consideradas como plataformas y motores de búsqueda en línea de muy gran tamaño.

A nivel nacional, creo que debemos estar orgullosos, pues estamos exportando un modelo de país: por un lado, con la creación del anteproyecto de ley de protección a los menores en el mundo digital; además del informe del comité de personas expertas para el desarrollo de un entorno digital seguro para la juventud y la infancia; el canal prioritario de la AEPD, o los trabajos realizados para impulsar una app de verificación de edad para evitar el acceso a contenidos de adultos por menores, entre otras medidas.

Considero esencial la firma por todos los partidos políticos de un pacto de Estado y que en este tema consigamos unanimidad en la adopción de medidas con las comunidades autónomas, competentes en el ámbito sanitario y educativo. No puede haber disensos cuando nos estamos jugando la salud de toda la población, y en especial de nuestros hijos e hijas. Ya hay comunidades autónomas que están regulando el uso de dispositivos digitales en la enseñanza, ¿por qué no se llega a un acuerdo en la conferencia sectorial siguiendo las pautas de las sociedades médicas?

Desde la industria

Cuando la industria tiene voluntad, como hizo con el canal prioritario que suscribieron con la AEPD o el código de conducta de los delitos de odio de la Comisión Europea, la actuación es inmediata y proactiva.

Tendría un gran impacto social que adoptaran los principios de verificación de edad propuestos por la AEPD, la transparencia en los patrocinios, la venta de dispositivos con control parental por defecto, la configuración por defecto de todas las redes sociales utilizadas por menores de 18 años, el abandono de los algoritmos adictivos, etc. Que no esperaran a resoluciones sancionadoras de obligado cumplimiento por parte de los organismos competentes o a sentencias judiciales y que adoptaran una actitud proactiva con medidas desde el diseño para no perjudicar la salud de los consumidores.

Desde las autoridades de supervisión y control. La importancia de los mecanismos internacionales

En un mundo digital, las **acciones de prevención y sensibilización** de los organismos reguladores y de supervisión son esenciales. Algunos ejemplos de medidas preventivas son:

- Puesta en marcha de servicios de atención a menores, familias y comunidades educativas. Desde el 2015, en la AEPD está disponible la unidad de menores, con línea telefónica específica (900293621) y de WhatsApp (616172204), además de correo electrónico (canaljoven@aepd.es) y la propia sede electrónica.
  - El 016 es el teléfono de ayuda en casos de violencia de género.
  - El 017 es el teléfono del INCIBE para resolver dudas sobre ciberseguridad.
  - El 900018018 es el teléfono del Ministerio de Educación, Formación Profesional y Deportes en casos de acoso escolar.

- Guías y materiales educativos: recomiendo la web Aseguratic, es la mayor base de datos en español sobre el uso responsable de internet, ofrecida por el Ministerio de Educación a través del INTEF. Recoge los contenidos en función del usuario (profesorado, familia o menores), el formato y la etapa educativa.[76]

— En la AEPD se ofrecen las guías *No te enredes en internet* y *Sé legal en internet*, dirigidas a menores, y *Enséñales a ser legales en internet* y *Guíales en internet*, para padres y profesorado.[77]

— Campañas: recomiendo estos tres vídeos cortos dirigidos a sensibilizar sobre el acoso, el *grooming* y la adicción.[78]

• Realización de campañas para sensibilizar a las familias. En los años que he dirigido la AEPD, hemos realizado varias campañas que han sido emitidas de manera gratuita por las principales cadenas de televisión:

— Enero de 2020: «Por todo lo que hay detrás».

— Enero de 2021: «Un solo clic puede arruinarte la vida».

— Abril de 2021: «Lo paras o lo pasas», para difundir el canal prioritario.

— «Las redes sociales no son un juego. Si compartes contenido sexual o violento, perdemos todos».

— A estas campañas hay que añadir las tres ya mencionadas: «No a la barra libre digital», realizada con la Fundación Atresmedia, «Hay más riesgos en internet que en la vida real», realizada con el Consejo General de la Psicología, y finalmente «Más que un móvil», en conjunto con Unicef.

Quiero aprovechar para agradecer la colaboración durante estos casi diez años de las principales cadenas de televisión, que han emitido de forma gratuita en sus canales estas campañas.

Es esencial también el ejercicio de la **potestad sancionadora** cuando la responsabilidad proactiva de las empresas falla. Para ello es vital el trabajo en red, una mayor agilidad en los procedimientos del Comité Europeo de Protección de Datos y su coordinación con los de la Comisión Europea, además de los trabajos conjuntos con otras redes extraterritoriales.

6
¿SOMOS AHORA MÁS FELICES?

Creo que el consumo digital está afectando no solo a la salud, nuestro tiempo y nuestras conexiones, sino a la esencia de nuestra humanidad.

Recomiendo la lectura del artículo del filósofo José Antonio Marina «Hacia dónde camina el ser humano». Explica que «para comprender la historia, es importante partir de las necesidades y motivaciones humanas». En 1943, el antropólogo Leslie White publicó una teoría de la evolución cultural que ha tenido gran influencia. Afirmaba que «aunque la cultura tenía componentes tecnológicos, sociológicos e ideológicos, el factor determinante es el tecnológico, en especial, la cantidad de energía que podía utilizar y el modo de capturarla».

Marina destaca el cambio en la especie humana por la acción combinada de la ingeniería genética, la nanotecnología, la neurociencia y la inteligencia artificial. Afirma que la personalidad se construirá en un nuevo formato: neuronal y digital.

En este mundo donde existe una poderosa coalición de ciencia, tecnología, mercado y sistemas de persuasión, es esencial promover la **inteligencia crítica**, nuestra gran vacuna para protegernos frente a ella.

La pregunta importante para el futuro no es lo que puede hacer la inteligencia artificial, sino qué quieren que haga quienes la financian, diseñan y manejan.

La respuesta es doble y debería partir de ambos lados:

- Quienes tengan poder para hacerlo: Gobiernos y empresas.
- La opinión pública que puede conceder, limitar o bloquear este poder.

Marina analiza la configuración del sujeto actual, influido por las nuevas tecnologías. Lo denomina *el triunfo de Skinner*, uno de los psicólogos más influyentes del siglo XX, que explicó el comportamiento humano: **si manejo los premios y castigos, puedo dirigir el comportamiento humano. El entorno esculpe al sujeto. Si domino el entorno, el sujeto es mío.**

Reflexiona sobre cómo el insistir en las conexiones y no en las personas es un modo de debilitar al sujeto, de facilitar que la red se imponga sobre él. Cada vez que se transfieren más competencias a la red, se está disminuyendo la autonomía de los nodos. Al final, el sujeto no puede vivir sin la red, porque todo está en ella.

Lo más sutil y grave es que esta sumisión a la red no se está realizando por amenazas o coacciones, sino por la gran aceptación de las comodidades y satisfacciones que produce en el usuario. Las pantallas son una fuente inagotable de pequeñas o grandes satisfacciones a corto plazo. De acuerdo con la teoría de Skinner, se han convertido en un **gigantesco modificador de conductas** gratamente aceptado.

Tristan Harris escribe: «Puedo ejercer control sobre mis dispositivos digitales, pero tengo que recordar que al lado de la pantalla hay un millar de personas cuyo trabajo es acabar con cualquier asomo de responsabilidad que me quede».[79]

Marina describe como Sean Parker, uno de los cocreadores de Facebook, ha declarado que, al crear la aplicación, el objetivo era lograr consumir la mayor cantidad de tu tiempo y atención consciente que fuera posible. Y eso significa tener que darte algo así como un toquecito de dopamina cada tanto, algo que se consigue gracias a que alguien le dio «me gusta» o comentó una foto o una publicación. Cualquiera de esas cosas provocará que aportes más contenidos, lo que al mismo tiempo hará que recibas más «me gusta» o comentarios. Es un circuito cerrado de retroalimentación de validación social. Posteriormente, Parker se ha declarado un objetor de las redes sociales, afirmando: «Solo Dios sabe lo que le está haciendo al cerebro de nuestros hijos».

Marina refiere el trabajo de B. J. Fogg, fundador del Persuasive Tech Lab de la Universidad de Standford, que ha inventado la «captología», la ciencia de la persuasión a través de ordenadores. La persuasión es un intento no coercitivo de cambiar actitudes o comportamientos. ¿Recuerdas el concepto de los patrones oscuros y adictivos?

A su vez, la empresa creada por el neurocientífico Ramsay Brown, Dopamine Labs, anuncia: «Nuestra tecnología predice y troquela la conducta humana».

Nir Eyal,[80] que trabajó con alguna de las compañías más influyentes de Silicon Valley, afirma: «Admitámoslo. Nos dedicamos al negocio de la persuasión. Los innovadores crean productos pensados para convencer a la gente de que haga lo que queremos que haga. A esa gente la llamamos *usuarios* y, aunque no lo digamos en voz alta, deseamos secretamente que todos se enganchen endiabladamente a las cosas que fabricamos».

Lo resume referenciando a Johann Hari en *El valor de la atención*:[81] «Hoy vivimos en un mundo dominado por las tecnologías que se basan en la visión que Skinner tenía del funcionamiento de la mente humana. Su idea —que podemos entrenar a las criaturas vivientes por desear desesperadamente unas recompensas arbitrarias— ha llegado a dominar nuestro medio. Muchos de nosotros somos como pájaros enjaulados a los que se hace ejecutar un baile raro para obtener recompensa y, mientras esto ocurre, imaginamos que lo hacemos por decisión propia».

El libro de Shoshana Zuboff *La era del capitalismo de la vigilancia*[82] viene a confirmar el triunfo de Skinner: mientras que el totalitarismo impone la conducta mediante la violencia, el nuevo capitalismo modula la conducta utilizando gigantescas cantidades de información. **La industria utiliza los datos que tiene sobre la conducta con el propósito de modificarla, hacerla predecible, monetizarla y controlarla.**

Algunos filósofos alertan de una nueva forma de totalitarismo tecnocrático que reduce los seres humanos a datos y algoritmos. Como dice Jordi Pigem, «la tecnología es como el fuego. Si la usamos como herramienta, con contención, es útil, pero sin contención su efecto puede ser devastador. Cuando se enciende la digitalización del mundo, ¿qué vemos: seguridad, eficiencia, progreso, o control, vigilancia, deshumanización?».

No olvidemos las novelas de Orwell y Huxley, cada vez estamos robotizando más a las personas. Las máquinas parecen más humanas y los humanos estamos cada vez más robotizados.

Otro filósofo, Byung-Chul Han, alerta de que la sociedad digital lo ha invadido todo, es un medio que nos reprograma. Ahora, el ser humano se relaciona con la realidad a través del filtro de las pantallas. Habla de tres fases en la evolución de la digitalización:

- Una primera fase sólida, en la que el acceso se limitaba a unos tiempos y espacios concretos, en el ordenador de mesa.
- Una segunda fase líquida, en la época del móvil, la tablet y el ordenador portátil, donde la tecnología nos acompaña en cualquier momento y lugar.
- Una tercera fase gaseosa, en la que la tecnología es el mismo aire que respiramos, pues ya no nos es posible vivir sin ella y está presente en todos los momentos y espacios de nuestra vida. Este mundo virtual desplaza al mundo real.

Según Han, «el medio digital cambia decisivamente toda nuestra conducta, nuestra percepción, nuestra sensación, nuestro pensamiento, nuestra convivencia».

Los efectos del uso de estos servicios gratuitos de internet ya los conocemos: al final, el precio somos nosotros mismos, que vamos entregando nuestra esencia, nuestra libertad y bienestar en la misma proporción en que consumimos de forma masiva información, servicios y dejamos que nuestra atención y percepción sean captadas hacia el exterior por la oferta tecnológica ilimitada.

Volviendo a Marina, este reflexiona sobre la necesidad de sujetos críticos, resistentes. «La IA puede dirigir el comportamiento de un robot o de un ser humano si previamente se ha robotizado, es decir, si antes le ha entregado el control de su conducta». Añade que «lo que caracteriza a los humanos es que, además de compartir con los animales la "atención involuntaria", hemos desarrollado la capacidad de "atención voluntaria", es decir, la posibilidad de liberarnos del atractivo del estímulo inmediato y elegir nuestros propios estímulos. Esta capacidad es el origen de la libertad y es lo que se está perdiendo».

Johann Hari corrobora la gravedad del problema: los estudiantes estadounidenses cambian de tarea cada 65 segundos, y el estadounidense medio toca su teléfono 2.617 veces cada 24 horas. Cuanta más información se incorpora, menos tiempo tiene la gente para concentrarse en un elemento informativo concreto. Estamos experimentando un «agotamiento más rápido de los recursos de atención».

Continúa Marina citando a James Williams, que trabajó durante más de diez años en Google y después dejó la compañía para investigar cómo la tecnología capta nuestros sentidos y cuáles son las implicaciones morales y políticas de la economía de la atención: «Muchas compañías se percataron de que existía un recurso natural a su alrededor: la atención de la gente. Si les das cosas gratis, puedes captar su atención y después vender más...». Esto se convirtió en el modelo de negocio por defecto de las empresas en Silicon Valley. Lo importante ahora es maximizar el número de clics y el tiempo de permanencia.

La atención, escriben Thomas Mandel y Gerard Van der Leun en su libro *Rules of the net*, es la moneda fuerte del ciberespacio. Resume Marina: «Todo este sistema está fundado en el fortalecimiento de la atención involuntaria y en el debilitamiento de la atención voluntaria, y esto vuelve a la sociedad vulnerable».

A riesgo de repetirme, vuelvo a insistir en que, para poder dirigir nuestra vida, mediante decisiones conscientes en nuestras acciones diarias y cómo empleamos nuestro tiempo y atención, es esencial que sepamos los efectos que tiene elegir una actividad u otra.

Ya sabemos que un consumo excesivo de pantallas debilita nuestra atención, consume nuestro tiempo y nuestra salud. ¿Quieres que las acciones de tu vida y tus relaciones vengan condicionadas y limitadas en su esencia y calidad por la industria?

Recuerda el estudio de Harvard sobre la felicidad: el secreto de la felicidad no se encuentra en las riquezas materiales o el éxito profesional, sino en cultivar y mantener relaciones íntimas y de calidad. Como dice un gran profesional de la salud mental, Francisco Villar, experto en conducta suicida del adolescente, «cada vez estamos más hiperconectados y menos vinculados».

Este consumo compulsivo propio del capitalismo actual produce una adicción a la infelicidad. El marketing y la publicidad son los pilares del mantenimiento de este sistema, que necesita mantener a las personas constantemente estimuladas para incorporar a sus vidas todos los productos y servicios que se les ofrece.

Como dice Gilles Lipovetsky en su libro *La felicidad paradójica*: «La sociedad que más ostensiblemente festeja la felicidad es aquella en la que más falta…, aquella en que las insatisfacciones crecen más deprisa que las ofertas de felicidad. Se consume más, pero se vive menos, cuanto más se desatan los apetitos de compras más aumentan las insatisfacciones individuales».

Cuando tenía 18 años, mi primera elección de carrera fue Filosofía Pura, me apasionaban el latín y el griego, estudiar a los clásicos. Al final, motivada por mi padre y por mi espíritu práctico, elegí Derecho. Cuando algo está innato en uno mismo, acaba emergiendo. Y, curiosamente, en esta etapa final de mi vida profesional en la Administración pública, he podido tener la oportunidad de cerrar este círculo, de reflexionar sobre el secreto de la felicidad en un mundo digital y de acercarme a los clásicos:

Sócrates afirmaba que «el secreto de la felicidad no se encuentra en la búsqueda de más, sino en el desarrollo de la capacidad de disfrutar de menos».

Nunca esta reflexión ha sido tan importante como en estos tiempos. Para este gran filósofo, la felicidad no viene de recompensas externas, sino del éxito interno.

Platón afirmaba: «El hombre que hace que todo lo que lleve a la felicidad dependa de él mismo, y no de los demás, ha adoptado el mejor plan para vivir feliz».

Según la RAE, la felicidad es «un estado de grata satisfacción espiritual y física».

Ser feliz es autorrealizarse, alcanzar las metas propias del ser humano. Séneca afirmaba: «Las grandes bendiciones de la humanidad están dentro de nosotros, a nuestro alcance. El sabio se contenta con su suerte, sin desear lo que no tiene». Para Séneca, el locus de control reside dentro.

Si indagamos en profundidad dentro de nosotros mismos, creo que podemos coincidir en que la felicidad se alcanza mejor si limitamos nuestros deseos en vez de buscar su satisfacción de forma permanente. No me estoy refiriendo a la capacidad de disfrutar la vida: la vida es hermosa, hay momentos de belleza y conexión inigualables creados para ser vividos y disfrutados con intensidad. Me refiero a ser capaces de desarrollar nuestra capacidad de control de consumo, de rebelarnos contra la dictadura del placer: de series ilimitadas de televisión, de productos, de culto al cuerpo, de horas en *scroll* infinito en las redes sociales… Cuando se suman a lo largo del día, todos estos «pequeños» consumos van acabando con nuestro tiempo, salud y conexión, los tres tesoros de nuestra vida, sin que ni siquiera nos demos cuenta.

Deseo que este libro ayude a reflexionar sobre el modelo de sociedad actual y, lo que es más importante, sobre la importancia de nuestras acciones para vivir en libertad y pasar de una vida atrapada en captar nuestra atención para consumir por los algoritmos adictivos y los patrones oscuros, que captan nuestra atención voluntaria e involuntaria, a una vida más libre, en conexión con nosotros mismos, con nuestro interior, y vinculados desde el corazón con los demás. En una sola frase: **a pasar de la trampa de nuestra atención secuestrada a la inteligencia del corazón y del sentir.**

EPÍLOGO

Algunas píldoras prácticas para aumentar el bienestar y la conexión real en un mundo digital

Vivir en este siglo es todo un reto, y seguramente todavía no seamos capaces ni de imaginar los cambios que veremos en las próximas décadas. Ser testigo de los avances de estos tiempos es un privilegio y sé que no siempre es fácil aprovechar las ventajas que la tecnología nos ofrece sin evitar caer en el exceso de uso.

Pero es el momento de pasar a la acción. Con todo el respeto a las opciones que cada persona pueda incorporar en sus vidas, comparto algunas que a mí me sirven:

- Conecta con tu **propósito de vida**: igual que agendas tus actividades laborales, agenda tiempos de desconexión digital para conectar contigo mismo, con los demás y con esa capacidad superior que está dentro de nosotros. ¿Cuál es tu mayor meta? ¿Cómo te gustaría que te recordaran cuando hayas muerto?

- Lo principal es **ser consciente de tus hábitos** y de las consecuencias de tus acciones en todas las esferas de tu vida. **Apunta durante una semana tus decisiones respecto a cómo empleas tu tiempo.** Esta información te puede dar una idea de si hay coherencia entre lo que quieres para tu vida, tu propósito y los actos que realices cada día para acercarte a él.

Dicen que, para adquirir un hábito, hace falta practicarlo de forma continua durante veintiún días.

Lo importante son los comienzos. En yoga, decimos que el primer acto que importa es el gesto de extender el antideslizante y realizar la primera asana, porque después ya las siguientes van seguidas.

- **Agenda tu vida analógica. Aplica la regla 2 × 2 × 2 × 2:** tiempo de desconexión nada más levantarte, en las comidas, tiempo para ejercicio y conexión social sin pantallas, dos horas sin pantallas antes de acostarte. Y no te hagas trampas, como decía Lao Tzu:

«El tiempo es algo creado.
Decir no tengo tiempo es decir no quiero».

- En familia, sigue las pautas de la Asociación Española de Pediatría, **elabora tu propio plan digital familiar.** Sé un ejemplo para tus hijos e hijas, será la mejor herencia que les puedas dar, la coherencia de un adulto regulado.
- **Presta especial atención a la postura corporal y a tu respiración.**
- **Realiza prácticas con el cuerpo que ayuden a regular la mente y controlar tu atención.**
- **Cuida tu mente** con la respiración, con descanso, paseos por la naturaleza, momentos de silencio.
- **Cuida tus ojos,** practica la mirada periférica y, siempre que puedas, la mirada al horizonte, en la lejanía. Pasamos tanto tiempo utilizando la mirada focal y a corta distancia que nuestras posibilidades también se acortan. Si nuestra atención, nuestra mirada es focal, centrada la mayor parte del tiempo en la pantalla, nos podemos perder otras opciones que nos da el entorno y las personas que están cerca de nosotros e incluso la perspectiva que da el hacer una pausa, orientarse al entorno, ampliar la mirada y volver a centrar luego la atención en lo que estás haciendo. Pondré un ejemplo: cuando leemos un libro en formato digital, nos solemos abstraer, pasamos las pantallas con el dedo, hay más rapidez, más necesidad inconsciente de avanzar. Solo tenemos activado el sentido de la vista. Cuando leemos un libro en papel, se intensifica la sensación del tacto al pasar las hojas, del olor del papel, la vista... Se introduce un pequeño ritual de bienestar: buscamos el sofá

cómodo, nos preparamos una infusión, estamos al mismo tiempo más orientados y conectados con lo que pasa en nuestra familia, en la habitación... Desde mi punto de vista, la experiencia es más rica y más intensa y hay más conexión con el contenido del libro y con lo que estamos sintiendo en ese momento.

- **Cuida tus conexiones sociales** con las personas que más quieres. Potencia el sentido del tacto, la sensación sentida de seguridad y amor.
- **Crea espacios libres de pantallas.**
- **Practica tiempo concentrado en una sola actividad,** sin dejarte llevar por la multitarea.
- **Implícate a nivel de comunidad.** Es importante impulsar ese pacto social, crear red, socializar en comunidad. No dejarse llevar por la corriente. Ya sabes que si además tu propósito de vida tiene una faceta altruista, que colabore a aumentar el bienestar de los demás, tu felicidad aumentará.
- **Recuerda las claves que da Matthieu Ricard para aumentar tu nivel de compasión y felicidad:** ir hacia dentro, tiempo de silencio, de paz mental.

Estamos en un momento clave y crítico, ya que nos encontramos ante un desarrollo digital nunca visto. Nosotros, y las siguientes generaciones, vivimos y viviremos en un mundo profundamente digitalizado. El mundo es dual, con extremos opuestos y la digitalización tiene indudables ventajas y también importantes riesgos. La humanidad posee una inteligencia innata, que nos ha hecho avanzar, progresar hasta horizontes inimaginables. Podemos construir, entre todo el ecosistema, un mundo desarrollado con respeto a la identidad de la humanidad y al adecuado neurodesarrollo de las personas. Donde la tecnología aporte grandes beneficios a la humanidad y, al mismo tiempo, podamos combinar espacios de conexión digital y espacios de desconexión digital para poder conectar con nosotros mismos, con los demás y con el espíritu.

Ojalá este libro ayude a reflexionar sobre el modelo de sociedad actual y, lo que es más importante, sobre la importancia de nuestras acciones personales para vivir en libertad y pasar de una vida atrapada en captar nuestra atención para consumir de forma ilimitada a una vida más libre, en conexión con nosotros mismos, con nuestro interior y vinculados desde el corazón con los demás. En una sola frase: deseo ayudar a **pasar de la trampa de nuestra atención secuestrada a la inteligencia del corazón y del sentir. La vida, la verdadera conexión se enciende cuando apagamos las pantallas.**

ANEXO 1
El modelo de negocio en internet: aspectos más técnicos

Monetización en internet

Como te contaba en el cuerpo principal del libro, para saber cómo se ha llegado hasta aquí se puede estudiar cómo ha sido la evolución de la monetización en internet.[83] Ya hemos comentado anteriormente que esta evolución no es una consecuencia inevitable de la tecnología; **se podría haber hecho de otra forma.** La situación actual se ha apoyado en la tecnología, pero su base fundamental han sido la psicología y el marketing.

Vayamos por partes. En la década de los noventa, los primeros intentos de generar ingresos en línea se basaban en la venta de servicios básicos de conectividad y en la suscripción a plataformas que ofrecían acceso a contenidos específicos. Empresas como AOL[84] (America Online) y Prodigy comenzaron a implementar modelos de suscripción, en los cuales los usuarios pagaban tarifas mensuales para acceder a servicios de correo electrónico, navegación y foros de discusión. El comercio electrónico comenzó así a emerger hacia mediados de los noventa, con la fundación de Amazon en 1994[85] o eBay en 1995, marcando un cambio hacia un modelo de ingresos basado en la venta directa de productos.

En 1994, se colocó el primer *banner* publicitario en el sitio web de HotWired (la versión en línea de la revista *Wired*), marcando el inicio de la publicidad en internet. El anuncio, pagado por AT&T, invitaba a los usuarios a hacer clic para descubrir «el mañana».[86] Este evento fue un hito porque estableció el modelo de publicidad gráfica, donde las empresas pagaban por la colocación de anuncios en sitios web a cambio de visibilidad.

Al principio, los *banners* publicitarios eran simples y se medían en términos de impresiones y clics, sin la sofisticación de las métricas actuales, pero se consolidó rápidamente como la principal forma de ingresos para muchos sitios web. Sin embargo, el exceso de *banners* en sitios web llevó a una «fatiga publicitaria» entre los usuarios, lo que redujo la efectividad de los anuncios. Esto dio paso a formatos más invasivos como los *pop-ups*, esto es, ventanas emergentes que interrumpían la navegación. Aunque inicialmente fueron efectivos para captar la atención, su uso descontrolado provocó rechazo, lo que llevó a la creación de bloqueadores de *pop-ups* y forzó a las empresas a buscar alternativas.

Al mismo tiempo, surgieron nuevos modelos como el marketing de afiliación, en el cual los sitios web recibían comisiones por redirigir a los usuarios a otras páginas que realizaban ventas. Este sistema se basaba en redes de afiliados, donde sitios pequeños y medianos podían monetizar su tráfico al promover productos de terceros. Un ejemplo destacado fue Amazon Associates, lanzado en 1996, que permitió a los sitios afiliados ganar un porcentaje de cada venta generada a partir de un enlace de referencia.

La segunda mitad de los años noventa fue testigo de un crecimiento explosivo de las empresas puntocom. Durante esta época, la monetización se enfocó en generar ingresos indirectos, principalmente a través de la publicidad y la venta de dominios. El problema es que este enfoque no duró, pues generó una burbuja que explotó en el año 2000[87] con el cierre de la mayoría de las puntocom y enormes pérdidas financieras.

Durante este tiempo se consolidaron conceptos como los de costo de adquisición de clientes (CAC, por sus siglas en inglés, *customer acquisition cost*) o cuánto cuesta captar a cada usuario frente al valor a largo plazo que este aporta,[88] la publicidad segmentada[89] o el uso de datos para dirigir anuncios específicos a públicos más relevantes, y la monetización de contenido gratuito o las estrategias para generar ingresos en sitios que ofrecían contenido sin coste evidente para los usuarios, apoyándose en publicidad y patrocinio.[90, 91]

Simultáneamente, grandes empresas comenzaron a explorar modelos híbridos que combinaban publicidad y ventas directas. Sitios como Yahoo![92] implementaron servicios de suscripción para funciones *premium* y modelos de membresía,[93] lo que les permitía experimentar con métodos de ingresos que no dependían exclusivamente de la publicidad.

Con la llegada de la web 2.0 a principios de los 2000, las empresas comenzaron a explorar modelos de negocio basados en conseguir monetizar las acciones de los usuarios, la publicidad segmentada y la creación de comunidades en línea.

En 1998, Google emergió como una de las principales fuerzas en la esfera de la búsqueda en línea.[94] Fue en el año 2000 cuando lanzó su innovador sistema de publicidad, conocido como Google AdWords. Este modelo revolucionó la forma en que las empresas se conectaban con los consumidores en línea, estableciendo un precedente para la publicidad digital que perdura hasta hoy.

Con Google AdWords (Google Ads), en lugar de los tradicionales *banners*, se introdujo la publicidad basada en texto, vinculada a búsquedas específicas. Este modelo se basaba en pujas por palabras clave y estableció las bases del pago por clic (PPC, *pay per click*), donde los anunciantes solo pagaban cuando un usuario hacía clic en sus anuncios, y de la métrica que se utiliza para medir los clics (CPC, *cost per click*).

¿Y en qué consistía esto? Pues en que cuando un usuario realizaba una búsqueda, las palabras utilizadas se analizaban, lo que permitía una segmentación más precisa y vinculada al usuario, y los anuncios aparecían junto a los resultados de búsqueda. Más aún, las campañas publicitarias se ajustaban en tiempo real a la audiencia, lo que aumentaba su efectividad.

El PPC no solo cambió las estrategias publicitarias de las empresas, sino que también afectó a la forma en que se diseñaban y desarrollaban los sitios web. Al mismo tiempo, la necesidad de maximizar el beneficio llevó a las empresas a invertir más en la optimización de sus sitios para dirigir las acciones del usuario. Las páginas de destino se convirtieron en un elemento crucial, ya que un diseño efectivo podía influir directamente en el éxito de una campaña PPC. Y así, a medida que el modelo de PPC ganaba popularidad, también lo hacían las herramientas analíticas que permitían a los anunciantes rastrear el rendimiento de sus campañas en tiempo real, y **se refinaba el uso de técnicas psicológicas de marketing que influían en la forma de pensar,** y por ende de actuar, de los usuarios. Esto permitió ajustes inmediatos para mejorar los resultados.

El modelo PPC estimuló el crecimiento de una cultura en línea enfocada en el rendimiento. Las empresas comenzaron a centrarse en métricas como el costo por adquisición (CPA, *cost per action*) y el valor de vida del cliente (CLV, *customer lifetime value*),[95] lo que llevó a un enfoque más estratégico en la publicidad digital. Las campañas de PPC se volvieron cada vez más sofisticadas, integrando técnicas de segmentación avanzadas y utilizando todo tipo de datos: demográficos, geográficos, de comportamiento… para personalizar los anuncios y maximizar su efectividad.

Esto también dio lugar al surgimiento del marketing de afiliación, un modelo de negocio que permitió a los sitios web y blogueros promover productos y servicios de otras empresas a cambio de una comisión por cada venta o acción generada a través de sus recomendaciones. Esta dinámica aprovechó el poder de las **recomendaciones personales, que han demostrado ser una de las formas más efectivas de influir en las decisiones de compra de los consumidores.** El marketing de afiliación se integró perfectamente con el modelo PPC. Los afiliados podían utilizar, por ejemplo, anuncios de AdWords para promocionar productos de terceros, generando tráfico a sus sitios web y, en última instancia, dirigiendo a los usuarios hacia los sitios de los comerciantes. Este enfoque no solo permitió a los afiliados monetizar su contenido, sino que también ayudó a los comerciantes a expandir su alcance sin asumir riesgos financieros significativos.

La parte que no se ve (*backstage*)

Este modelo de marketing digital ha generado la creación de un ecosistema muy complejo que opera detrás de internet, oculto a los usuarios, pero que ha cambiado su vida sin que lo sepan. Un entramado de empresas, cada una con distintos roles, que trata los datos y el perfilado de cada persona y que tienen nombres como DSP, SSP, Ad Exchange, Ad Network, etc. Nombres con poco significado para una persona común, pero que, aun sin saberlo, le afectan.

Cuando se dice que afectan o impactan al usuario no se está diciendo que cada usuario está influenciado de la misma forma que todos los demás, como podría ocurrir a los espectadores en una sala de cine. Al contrario, todo el sistema que se ha expuesto anteriormente está construido para tomar acciones específicas y distintas respecto de cada uno de nosotros. Es cierto que en la mayor parte de los casos no les interesan nuestros nombres, sino el número que nos han asignado y nuestras características específicas (buenas o malas), de manera que así sea posible influir en nuestras emociones y controlar nuestras acciones.

En el marco de este desarrollo del mundo publicitario nace la expresión «mejorar la experiencia del usuario». Es uno de los tantos eufemismos que se emplean en el mundo del marketing y que esconden una realidad muy distinta. «Mejorar la experiencia del usuario» supone conocerlo lo suficientemente bien como para poder utilizar sesgos cognitivos a una escala nunca imaginada, para dirigir sus elecciones no en el sentido que el usuario realmente querría, sino en el sentido que le conviene a la red de marketing.[96]

¿Qué le puede convenir a la red de marketing? Pues eso depende de quién pague una campaña, y puede pagar cualquiera: una marca para que compres algo que no necesitas, otra empresa para que ignores algo que podría solucionar tus problemas, un sector que crea una nueva necesidad artificial, un Estado para que aceptases unas ideas u otras, una campaña para que votes o no votes, y cualquier otro interés que puedas imaginar.[97]

Cuando los usuarios se convierten en parte de la red

A diferencia de la web 1.0, que se caracterizaba por un enfoque unidireccional de publicación de contenido, la web 2.0 promovió la participación activa de los usuarios. Las redes sociales, los blogs y las plataformas de contenido generado por los usuarios proliferaron, convirtiendo a los consumidores en productores de contenido. Este entorno dinámico fomentó el surgimiento de nuevos modelos de negocio, entre los cuales el modelo *freemium*[98] se destacó notablemente.

El término *freemium* combina las palabras *free* («gratis») y *premium* y se refiere a un modelo de negocio en el cual un servicio básico se ofrece de manera gratuita, mientras que se cobra por funciones o servicios avanzados. Ganó popularidad en gran parte gracias a empresas como LinkedIn, Dropbox y Spotify, que ofrecían una experiencia básica sin costo alguno, con la opción de suscribirse a servicios *premium* para obtener características adicionales.

La popularidad del modelo *freemium* se puede atribuir a varios factores. En primer lugar, la facilidad de acceso a los servicios gratuitos permitía a los usuarios experimentar sin riesgo aparente, mientras que se ocultaban las estrategias que se estaban implementando. Así se conseguía que el usuario entrase en un servicio que inicialmente no necesitaba, pero como parecía gratis, se le acostumbra a depender de él. Por otro, se le proporcionaba un servicio y, a la vez, se le quitaba la potestad de reclamar cuando no funcionaba correctamente, cuando no estaba disponible, etc. Mientras, como es gratis, tenemos que aceptar que la fuente de financiación seamos nosotros a través de los datos que recogen y la publicidad.

Esto se ha complementado con el uso de estrategias potencialmente adictivas para que los usuarios estén mucho tiempo en la plataforma, la prueben más y se consigan más beneficios por marketing. A esto se le denomina *construir una base de usuarios leales* que facilitaban la viralidad del contenido y la publicidad boca a boca, compartiendo su experiencia con servicios *freemium* a través de redes sociales y otras plataformas, en definitiva, que los propios usuarios hagan la campaña de publicidad.

Otro aspecto crucial en la expansión del modelo *freemium* fue el desarrollo de herramientas analíticas que permitieron a las empresas rastrear el comportamiento del usuario y adaptar sus interfaces en consecuencia.

Los datos recogidos ayudaron a las empresas a entender qué características eran más valoradas por los usuarios, permitiendo así optimizar las conversiones de suscripciones *premium*. Con una base de datos sólida, las empresas pudieron segmentar sus ofertas e influir de manera más efectiva con sus usuarios, maximizando las oportunidades de monetización.[99]

Por otro lado, entre 2010 y 2015, mientras todo esto sucedía, las redes sociales vivieron una transformación radical, convirtiéndose en plataformas no solo para la interacción social, sino también en ecosistemas robustos de monetización. Twitter (que desde 2022 se denomina X), Instagram y LinkedIn emergieron como actores clave en este proceso, desarrollando modelos de negocio que les permitieron generar ingresos significativos a través de la publicidad y otros servicios.

Twitter, que lanzó su plataforma de anuncios en 2010, introdujo una serie de formatos publicitarios, incluyendo tuits patrocinados y cuentas promocionadas. Por otro lado, Instagram, que fue adquirida por Facebook en 2012, revolucionó la forma en que las marcas interactuaban con los consumidores a través de contenido visual. La plataforma introdujo anuncios en forma de fotos y vídeos, que se integraron de manera orgánica en los *feeds* de los usuarios.

La naturaleza visual de Instagram atrajo a marcas de moda, belleza y estilo de vida, que vieron en la plataforma una oportunidad única para conectarse con audiencias jóvenes. De este modo, Instagram no solo amplió su base de usuarios, sino que también diversificó su modelo de ingresos, convirtiéndose en un componente esencial del ecosistema de publicidad digital.

LinkedIn, por su parte, adoptó un enfoque diferente al centrarse en el sector profesional y empresarial. Su modelo de monetización se focalizó en la oferta de servicios *premium*, como LinkedIn Premium, que permitía a los usuarios acceder a funciones exclusivas, incluyendo herramientas de reclutamiento y análisis de mercado. La plataforma también implementó publicidad dirigida, permitiendo a las empresas promocionar productos y servicios a profesionales específicos. Este enfoque estratégico convirtió a LinkedIn en una plataforma vital para el *networking* profesional, la búsqueda de empleo y el desarrollo de negocios.

La evolución de las estrategias de contenido en las redes sociales durante este periodo estuvo marcada por el auge de la publicidad nativa y el marketing a través del influencer. La publicidad nativa, que busca integrarse de manera orgánica en el contenido de la plataforma, se volvió un componente crucial de las estrategias publicitarias. A diferencia de los anuncios tradicionales, que a menudo interrumpen la experiencia del usuario, la publicidad nativa se presenta de forma que resulta más atractiva y menos intrusiva, porque permitió a las marcas contar historias y conectar con sus audiencias.

El influencer

La aparición del influencer (personas que generan contenido en la plataforma y con una base de seguidores significativa y leal) como estrategia clave de marketing también transformó el panorama publicitario. Con el paso del tiempo, las marcas se dieron cuenta de su potencial y comenzaron a colaborar con ellos para promocionar productos y servicios. Estos influencers, que habían cultivado una relación de confianza con su audiencia, se convirtieron en canales efectivos para alcanzar mercados específicos. La autenticidad y el enfoque personal del marketing del influencer llevaron a un mayor *engagement* y a un aumento en la conversión de las campañas. Plataformas como Instagram y YouTube[100] se convirtieron en el centro de estas colaboraciones, donde las marcas podían beneficiarse de la exposición que los influencers proporcionaban.

Entre 2005 y 2023, la economía de creadores experimentó una notable expansión, transformando la forma en que las personas consumen contenido y cómo los creadores monetizan sus esfuerzos. Plataformas como YouTube (2005), Twitch (2011), TikTok (2018) y OnlyFans (2016) permitieron a los creadores de contenido no solo ganar dinero, sino también construir comunidades leales y conectadas con sus seguidores.

TikTok, por su parte, revolucionó el consumo de contenido corto y dinámico. La plataforma permitió a los creadores llegar a audiencias masivas con vídeos breves y atractivos. Aunque inicialmente sus objetivos eran el entretenimiento y la creatividad, TikTok introdujo programas de monetización como el TikTok Creator Fund,[101, 102] que recompensaba a los creadores según el rendimiento de sus vídeos. Además, como contaba con un algoritmo muy efectivo, este facilitó que el contenido se volviera viral con mayor rapidez.

OnlyFans, por su parte, emergió como una plataforma distintiva que permitió a los creadores compartir contenido exclusivo con sus seguidores a cambio de una suscripción mensual. Aunque inicialmente se la conocía por su contenido para adultos, con el tiempo la plataforma se diversificó. Este modelo de suscripción permitió a los creadores monetizar su contenido de manera directa, manteniendo el control sobre sus ingresos y la relación con sus seguidores.

El caso es que la figura del influencer ha tenido su propia promoción. Sin embargo, poco se tiene en cuenta cómo esta trae consigo una serie de desafíos psicológicos debido a la presión constante de mantener una imagen pública y la exposición en redes sociales. Muchos influencers dependen de la aceptación de su audiencia, midiendo su éxito en «me gusta» y seguidores, lo cual genera ansiedad cuando el contenido no tiene el impacto esperado. Esta constante búsqueda de aprobación también afecta su autoestima y les causa estrés, ya que deben producir contenido regularmente para mantenerse relevantes. Y esto, con el tiempo, puede llevar a un agotamiento emocional o *burnout*.

La vida de un influencer, a menudo, implica largas horas de trabajo en redes, lo cual limita su tiempo de socialización y puede llevar al aislamiento. Además, la constante comparación con otros influencers y la necesidad de proyectar una imagen idealizada genera problemas de autoestima y, en algunos casos, síntomas depresivos. Y como te habrás imaginado, pueden experimentar una disonancia entre su imagen pública y su vida real, lo que les crea confusión sobre su propia identidad y puede llevar a sentimientos de insuficiencia o inseguridad.[103]

Otro desafío desde el punto de vista emocional y psicológico al que se enfrentan es el miedo a la irrelevancia, ya que el éxito de los influencers depende de la atención continua del público, lo que provoca ansiedad por mantenerse en el centro de atención. La presión por cumplir con estándares de belleza ideales también puede derivar en problemas de autoimagen y hasta en trastornos alimenticios. Sumado a esto, el uso constante de dispositivos para monitorear redes sociales puede generar una adicción digital, dificultando el equilibrio entre la vida en línea y fuera de ella.

Y todas estas consecuencias se pueden producir en el influencer independientemente de los seguidores y la fama que tenga.

Surgimiento de herramientas de segmentación avanzada y *microtargeting*

Las redes sociales fomentaron el desarrollo de nuevas métricas para medir el impacto de sus estrategias, como el *engagement rate* y el retorno de inversión (ROI) de campañas. Y claro, al darse cuenta de que estas tácticas eran más efectivas para captar la atención de sus audiencias que los métodos tradicionales, las marcas comenzaron a invertir significativamente en contenido patrocinado, publicaciones de influencers y publicidad nativa.

El avance en las tecnologías de publicidad digital durante estos años también permitió el surgimiento de herramientas de segmentación avanzada y *microtargeting*, que revolucionaron la forma en que las marcas se dirigían a sus consumidores. A medida que las plataformas de redes sociales recopilaban datos sobre el comportamiento, los intereses y la demografía de los usuarios, las empresas pudieron crear campañas publicitarias altamente personalizadas. Esto significaba que los anunciantes podían dirigirse a grupos específicos basados en una variedad de factores, desde la ubicación geográfica hasta los intereses particulares, lo que aumentaba significativamente la relevancia de los anuncios.

Facebook, en particular, lideró esta revolución en la segmentación publicitaria.[104] Su capacidad para analizar datos y ofrecer opciones de segmentación detalladas permitió a las empresas crear campañas más efectivas y con mejor retorno de inversión. Este enfoque no solo optimizó el gasto publicitario, sino que también mejoró la experiencia del usuario al ofrecer anuncios más relevantes y personalizados. La capacidad de dirigirse a audiencias específicas facilitó a las marcas encontrar y conectar con sus consumidores ideales, llevando a un aumento en la tasa de conversión y la efectividad general de las campañas publicitarias.

De este modo, surgió el *microtargeting*, que se convirtió en una práctica común en el marketing digital, pues permitía a las empresas optimizar sus recursos y enfocar sus esfuerzos en los segmentos del mercado que tenían más probabilidades de convertir. Las herramientas de análisis y seguimiento proporcionaron información valiosa sobre el rendimiento de las campañas, lo que llevó a un ciclo continuo de prueba y ajuste para mejorar los resultados.

Escándalos como el de Cambridge Analytica en 2018, donde se reveló que los datos de millones de usuarios de Facebook fueron utilizados sin su consentimiento para influir en elecciones políticas, hicieron evidentes los riesgos sociales y disfunciones que estos ecosistemas podían crear.[105, 106]

El *streaming* y su financiación

Uno de los grandes protagonistas en el panorama de adicción a pantallas que estamos viviendo hoy en día, Netflix,[107] se crea en 1998, por aquel entonces aún como una de las mayores empresas del mundo de alquiler de DVD. No tardaron ni diez años en emitir el primer vídeo en *streaming*, en concreto en 2007, dando lugar así al inicio del auge de las plataformas de *streaming* y transformando radicalmente la forma en que consumimos contenido audiovisual. Respecto al contenido musical, Spotify inició su andadura en 2009 en el Reino Unido, expandiéndose en 2012. Los dos se establecieron como líderes indiscutibles en sus respectivos campos, implementando modelos de suscripción que permitieron monetizar su contenido de manera efectiva.

El modelo de suscripción mensual de Netflix ofrecía acceso ilimitado a una vasta biblioteca de series, películas y documentales, lo que revolucionó la forma en que los espectadores accedían a contenido. El enfoque en contenido original, con series como *Stranger Things*[108] y *The Crown*,[109] no solo mejoró la propuesta de valor de la plataforma, sino que también fomentó una conexión emocional con la audiencia, lo que resultó en una lealtad notable de los suscriptores.

Por otro lado, Spotify emergió como el líder en la transmisión de música. Su modelo de negocio se basó en una combinación de suscripciones gratuitas y *premium*. Además, Spotify implementó características innovadoras, como listas de reproducción personalizadas y recomendaciones basadas en algoritmos, que mejoraron la experiencia del usuario y fomentaron su retención.

Ambas plataformas demostraron que la monetización a través de suscripciones no solo era viable, sino altamente rentable. La capacidad de predecir ingresos a través de suscripciones recurrentes permitió a Netflix y Spotify invertir en contenido de alta calidad y mejorar constantemente sus servicios.

Con el tiempo, el éxito de los modelos de suscripción llevó al desarrollo de enfoques híbridos que combinaban suscripciones y publicidad. Hulu, por ejemplo, ofrecía a los usuarios la opción de suscribirse a un plan que incluía anuncios, lo que reducía el costo mensual de la suscripción. Este modelo se volvió popular entre los usuarios que deseaban acceder a una amplia gama de contenido sin pagar la tarifa completa de suscripción *premium*. Así nació también YouTube Premium. Este enfoque brindó a los creadores de contenido una nueva fuente de ingresos, a medida que las plataformas monetizaban su trabajo a través de suscripciones y anuncios.

Estos modelos híbridos, con la combinación de publicidad y suscripción, permitieron a las plataformas diversificar sus fuentes de ingresos.

Por ejemplo, en YouTube, la división de ingresos generados por anuncios entre los creadores de contenido y la plataforma (propiedad de Google) suele ser de un 55 % para el creador de contenido y 45 % para YouTube. Bueno, eso siempre que el creador esté inscrito en el Programa de Socios de YouTube. Pero para acceder al club hay que tener al menos mil suscriptores y unas cuatro mil horas de visualización pública en los últimos doce meses o cumplir ciertos criterios en YouTube Shorts, además de que no sean cancelados por Google en caso de que no cumplan con sus políticas.

Otro aspecto notable del panorama de monetización durante este periodo fue el surgimiento de plataformas de *crowdfunding* o micromecenazgo, que ofrecieron a los creadores de contenido nuevas formas de generar ingresos directos. Patreon y Kickstarter se convirtieron en ejemplos emblemáticos de cómo los creadores podían financiar sus proyectos mediante el apoyo directo de sus audiencias.

Patreon permitió a los creadores de contenido, desde artistas y músicos hasta podcasters y youtubers, recibir financiación mensual a cambio de contenido exclusivo y experiencias personalizadas. Patreon retiene entre un 5 y un 12 % de los ingresos generados por los creadores, además de un coste por transacción por elección del medio de pago de alrededor del 3 %.[110] Por otro lado, Kickstarter facilitó el financiamiento de proyectos creativos a través de campañas de *crowdfunding*. Los creadores podían presentar sus ideas a una audiencia global, ofreciendo recompensas a cambio de contribuciones financieras.

Finalmente, el periodo entre 2015 y 2020 estuvo marcado por el crecimiento explosivo del contenido bajo demanda y los servicios OTT (*over the top*). Con la proliferación de dispositivos conectados a internet, como smartphones, tablets y smart TV, se podría ofrecer contenido accesible en cualquier momento y lugar. Plataformas como Disney+, HBO Max y

Amazon Prime Video[111] comenzaron a contar con bibliotecas de contenido que incluían tanto producciones originales como contenido licenciado, lo que fortaleció la competencia en el espacio del *streaming*.

El móvil

La llegada de nuestro gran protagonista, el smartphone, y el auge de las aplicaciones móviles transformaron la forma en que los consumidores interactúan con el contenido y los servicios digitales. Desde 2008 en adelante, las tiendas de aplicaciones, como Google Play (inicialmente Android Market, creada en 2008 y absorbida en 2012 por Google Play)[112] y Apple App Store (2008),[113] se convirtieron en plataformas vitales para la distribución y monetización de aplicaciones. Estos ecosistemas no solo facilitaron la descarga de aplicaciones, sino que también brindaron a los desarrolladores múltiples modelos de monetización para maximizar sus ingresos.

Uno de los modelos más comunes es la venta directa de aplicaciones, donde los usuarios pagan una tarifa única para descargar la app. Sin embargo, este enfoque ha sido prácticamente abandonado, pues el volumen de beneficios es irrisorio en comparación con otros modelos que ofrecen acceso gratuito con opciones de monetización adicionales. Por ello, muchas aplicaciones comenzaron a utilizar el ya mencionado modelo *freemium*, que permite a los usuarios descargar y utilizar la aplicación de forma gratuita, pero con la opción de realizar compras dentro de la app para desbloquear características *premium* o contenido adicional, y con las ventajas que ya se han comentado.

La publicidad *in-app*[114] es otro modelo de monetización prevalente, donde los desarrolladores generan ingresos mostrando anuncios dentro de la aplicación. Existen varias formas de publicidad, como *banners*, intersticiales y anuncios de vídeo. Plataformas como AdMob[115] de Google y Meta Audience Network[116] han facilitado esta forma de monetización, permitiendo a los desarrolladores acceder a redes de anuncios y optimizar sus ingresos a partir de la cantidad de impresiones y clics que reciben.

El modelo *freemium* ha sido particularmente exitoso en la industria de los videojuegos móviles. Juegos como Candy Crush Saga[117] y Fortnite[118] han demostrado que es posible atraer a millones de jugadores a través de descargas gratuitas, mientras que monetizan su base de usuarios mediante microtransacciones. Estos juegos ofrecen una experiencia básica gratuita, pero los usuarios pueden comprar elementos virtuales, mejoras y contenido exclusivo para mejorar su experiencia de juego, empleando estrategias altamente adictivas.

Gamificación

La gamificación también ha jugado un papel crucial en la efectividad de las estrategias *freemium*. La gamificación consiste en aplicar dinámicas y estrategias de juego en contextos ajenos a los juegos para que las personas adopten ciertos comportamientos. Al implementar sistemas de recompensas y desafíos, los desarrolladores logran aumentar la retención de usuarios y fomentar la interacción continua. Esto, a su vez, impulsa las ventas dentro de la aplicación, ya que los jugadores que se sienten más comprometidos y motivados son más propensos a realizar compras. La combinación de entretenimiento y monetización ha creado un ecosistema en el que se impulsa a los usuarios a invertir por continuar en el juego.

Las microtransacciones se han convertido en una de las formas más efectivas de monetización en la era móvil. Este enfoque permite a los usuarios realizar pequeñas compras dentro de la aplicación, que pueden incluir una variedad de elementos, desde monedas virtuales hasta artículos exclusivos. La clave del éxito de las microtransacciones radica en su capacidad para ofrecer a los usuarios opciones de personalización y mejoras sin necesidad de una inversión inicial significativa. Este modelo ha permitido a muchas aplicaciones y juegos monetizar su base de usuarios de manera más efectiva que los modelos de pago único.

Un ejemplo destacado de la monetización a través de microtransacciones es Clash of Clans,[119] un juego que ha acumulado miles de millones de dólares en ingresos[120] a través de la venta de gemas y otros recursos dentro del juego.

Sin embargo, el uso de microtransacciones también ha suscitado críticas sobre la ética en la monetización de aplicaciones. Los usuarios han expresado su frustración por el hecho de que algunas aplicaciones parecen favorecer a aquellos dispuestos a gastar dinero, creando una «brecha de pago» entre jugadores.

La gamificación también ha llegado a la educación, con el uso de elementos y principios de diseño de juegos en contextos educativos para aumentar la motivación, el compromiso y el aprendizaje de los estudiantes. Esta estrategia se basa en la idea de que los aspectos lúdicos pueden hacer que el proceso de aprendizaje sea más atractivo y efectivo.

La gamificación en educación presenta varios problemas que nos resultan preocupantes. Uno de los principales es la desviación del aprendizaje, donde los estudiantes, al centrarse en elementos de juego como los puntos y las recompensas, pueden perder de vista el contenido educativo. Esta distracción a veces lleva a una comprensión superficial y a una retención deficiente de la información. Además, la competencia desigual entre los estudiantes puede generar frustración, ya que no todos tienen el mismo nivel de habilidad o motivación para participar, lo que puede afectar la autoestima y el rendimiento académico de quienes se sienten menos capaces en un entorno competitivo.

Otro problema significativo es la dependencia de la tecnología, ya que la gamificación a menudo requiere dispositivos electrónicos a los que no todos los estudiantes pueden acceder.

Esto crea una brecha digital que puede excluir a algunos estudiantes del proceso de aprendizaje, exacerbando las desigualdades educativas. Asimismo, la sostenibilidad y el costo de implementar sistemas de gamificación pueden ser desafiantes, ya que requieren recursos significativos en términos de tiempo y dinero, lo que podría ser un obstáculo para instituciones con presupuestos limitados.

Además, la sobrecarga cognitiva puede surgir al introducir demasiados elementos de juego, lo que dificultaría la concentración en el contenido educativo. La formación de educadores para que implementen estas estrategias de forma segura es un desafío también. Me constan casos de centros que determinan el uso escolar de una app sin saber que existen estas estrategias en la misma. Esto puede resultar en una integración deficiente de estos elementos. Por último, la evaluación en un entorno gamificado puede ser complicada, ya que las métricas de rendimiento en ocasiones no reflejan con precisión la comprensión del estudiante, lo que dificulta la identificación de áreas que necesitan mejora.[121, 122]

Viviendo en una nube: criptomonedas y metaverso

La llegada de la web 3.0 representa una transformación fundamental en la manera en que se concibe y se ejecuta la monetización en internet. A diferencia de la web 2.0, que se enfoca en plataformas centralizadas y la recopilación de datos, la web 3.0 promueve la descentralización y fomenta la ilusión de control del usuario sobre su propia información cuando sus datos dependen de terceros.

Esta nueva arquitectura está impulsada por tecnologías como *blockchain*, contratos inteligentes y criptomonedas, que permiten a los usuarios interactuar con aplicaciones y servicios sin intermediarios.

Uno de los cambios más significativos que se anticipan en la monetización es la creación de economías impulsadas por tokens. En este modelo, los creadores y los consumidores pueden intercambiar valor directamente mediante criptomonedas y tokens digitales. Por ejemplo, plataformas como Ethereum permiten a los desarrolladores construir aplicaciones descentralizadas (DApps)[123] que pueden monetizarse a través de la emisión de tokens específicos de la plataforma. Estos tokens se utilizan para acceder a servicios, votar en decisiones de gobernanza o incluso como recompensas por contribuir a la comunidad.

Además, el modelo de financiamiento colectivo descentralizado (DeFi)[124] ofrece nuevas oportunidades para la monetización. Las plataformas DeFi permiten a los usuarios prestar, pedir prestado y comerciar activos sin la necesidad de bancos o instituciones financieras tradicionales. La posibilidad de emitir tokens no fungibles (NFT) ha revolucionado la forma en que los creadores de contenido, artistas y desarrolladores pueden monetizar su trabajo, estableciendo una relación directa con sus audiencias sin depender de intermediarios.

Un NFT (*non-fungible token* o token no fungible)[125] es un tipo de activo digital que representa la propiedad de un artículo único o un conjunto de datos en una cadena de bloques (*blockchain*). A diferencia de las criptomonedas, como Bitcoin o Ethereum, que son fungibles (es decir, cada unidad es intercambiable y tiene el mismo valor), los NFT son únicos y no intercambiables, lo que significa que cada uno tiene propiedades distintas y no se puede sustituir por otro.

Los NFT se utilizan comúnmente en varias áreas, destacando el arte digital, donde los artistas pueden vender sus obras con un NFT que garantiza su autenticidad y propiedad. También son populares en el ámbito de los coleccionables, permitiendo la creación de colecciones digitales, como tarjetas deportivas, que poseen un valor único y pueden intercambiarse en mercados digitales. En la música y el entretenimiento, los músicos pueden lanzar versiones exclusivas de sus obras como NFT, ofreciendo a los fans la oportunidad de adquirir contenido único. Además, en los videojuegos, los NFT representan elementos del juego, como skins y personajes, que los jugadores pueden comprar, vender o intercambiar, enriqueciendo así la experiencia de juego.

El futuro del comercio en línea se vislumbra inmerso en experiencias más interactivas y envolventes gracias a la realidad virtual (RV) y la realidad aumentada (RA). Estas tecnologías no solo mejoran la forma en que los consumidores interactúan con los productos, sino que también presentan nuevas oportunidades para la monetización en el ámbito del comercio electrónico, como, por ejemplo, la utilización de espejos inteligentes.[126]

La realidad aumentada permite a los consumidores visualizar productos en su entorno antes de realizar una compra. Esta funcionalidad no solo mejora la experiencia del cliente, sino que también puede aumentar las tasas de conversión y reducir las devoluciones, lo que se traduce en un modelo de negocio más rentable.

Por otro lado, la realidad virtual ofrece experiencias de compra totalmente inmersivas. Las marcas pueden crear entornos de compra virtuales donde los usuarios interactúan con productos en un espacio tridimensional. Las experiencias de compra en RV pueden incluir eventos en vivo, desfiles de moda virtuales o también exposiciones de arte, lo que abre nuevas oportunidades para la monetización a través de la venta de entradas, productos exclusivos y experiencias personalizadas.

El mundo real se conecta directamente con el virtual mediante el concepto de *internet de las cosas* (IoT, por sus siglas en inglés, *internet of things*) que surgió en 1999, y se desarrolló a lo largo de la década de 2010 con las aplicaciones de automatización del hogar, ciudades inteligentes, salud, industria y agricultura. Hoy en día, el *internet de las cosas* conecta miles de millones de dispositivos.[127, 128] Entre los más destacables estarían los altavoces inteligentes, con el lanzamiento en 2014 del Amazon Echo, un dispositivo controlado por voz que incluía al asistente virtual Alexa, permitiendo gestionar dispositivos IoT y otros productos y servicios con comandos de voz.

El **metaverso** por su parte es un entorno virtual inmersivo donde convergen tecnologías como la realidad aumentada (RA), la realidad virtual (RV), las criptomonedas, los NFT y la inteligencia artificial (IA), y que promete cambiar profundamente estas dinámicas. El metaverso es un entorno completamente datificado que permite el tratamiento de un espectro mucho más amplio de información relativa a actividades humanas. Este entorno no solo expande las interacciones visuales o gráficas, sino que también recoge datos biométricos y comportamentales de los usuarios, creando una representación casi completa de sus interacciones y reacciones en tiempo real, y plantea riesgos inéditos para su protección, privacidad y bienestar emocional, puesto que estamos ante un tipo de tecnología al que nunca antes hemos tenido que enfrentarnos.

Como venimos comentando a lo largo del libro, los menores, debido a su familiaridad con las plataformas digitales y su acceso temprano a tecnologías inmersivas, son particularmente susceptibles a los riesgos que plantea el metaverso. Entre las tecnologías más preocupantes para su privacidad se encuentran los *wearables*, como gafas de RV, guantes hápticos[129] y otros dispositivos conectados al cuerpo. Estos dispositivos no solo capturan información física y biométrica, sino que pueden inferir datos sensibles, como las reacciones emocionales o los patrones de comportamiento. La información recogida a través de estos medios, como las variaciones en la postura o las expresiones faciales, permite la construcción de perfiles extremadamente detallados de los usuarios.[130]

El metaverso tampoco decepciona cuando se trata de beneficios económicos, y en línea con el resto de los fenómenos estudiados en el libro, nos supone un peligro que no podemos ignorar. La monetización en el metaverso utilizando neurodatos es un concepto emergente que combina tecnologías de realidad virtual y aumentada con datos sobre la actividad cerebral y el comportamiento humano. Esta combinación puede abrir nuevas oportunidades para empresas y creadores de contenido al aprovechar la forma en que los usuarios interactúan con los entornos virtuales. Los neurodatos se pueden recopilar a través de dispositivos como electroencefalogramas (EEG) o tecnologías de seguimiento ocular, que monitorean la actividad cerebral y las reacciones físicas de los usuarios mientras navegan en el metaverso. Esta información puede proporcionar valiosos conocimientos sobre las preferencias, emociones y niveles de compromiso de los usuarios.

Todo esto les permite a las empresas crear campañas publicitarias altamente personalizadas y efectivas. Al entender cómo los usuarios responden emocionalmente a diferentes tipos de contenido, los anunciantes pueden adaptar sus mensajes y productos para maximizar la relevancia y la conexión emocional, lo que a su vez puede aumentar las tasas de conversión y las ventas. Al analizar las respuestas cerebrales y emocionales, pueden ajustar dinámicamente el contenido, los entornos y las interacciones, creando experiencias más inmersivas que refinen los patrones adictivos utilizados. Los creadores de contenido pueden utilizar neurodatos para generar experiencias que resuenen más profundamente con su audiencia. Por ejemplo, al comprender qué elementos de su contenido provocan respuestas positivas, pueden diseñar productos o experiencias que se alineen con esas preferencias.

Por otro lado, los neurodatos también pueden ser utilizados para refinar elementos de gamificación en el metaverso, adaptando desafíos y recompensas basados en las reacciones emocionales y cognitivas de los usuarios. Esto no solo puede mejorar la retención de usuarios, sino también crear oportunidades de monetización a través de suscripciones, compras en el juego o eventos en vivo.

Una vuelta de tuerca: la inteligencia artificial

En 2020 alcanzamos un nuevo hito que marcó un antes y un después en nuestra relación con las nuevas tecnologías. La inteligencia artificial (IA) y la automatización han revolucionado la forma en que las empresas llevan a cabo sus campañas publicitarias, cambiando radicalmente la monetización digital. Las plataformas publicitarias han incorporado algoritmos avanzados que permiten automatizar el perfilado de los usuarios y la creación, gestión y optimización de sus campañas, con gran reducción de costes, y mejorando la eficiencia y efectividad de las campañas, es decir, aumentando los beneficios.[131, 132]

La automatización permite a los anunciantes ejecutar campañas en múltiples plataformas de manera simultánea, empleando algoritmos de aprendizaje automático para analizar grandes volúmenes de datos en tiempo real. Esto permite a los anunciantes optimizar sus anuncios en función del comportamiento de los usuarios, la ubicación y otros factores demográficos, y permitiendo un *microtargeting* cada vez más preciso creando mensajes personalizados.

En este aspecto es donde la IA tiene un impacto significativo, debido a que, ya que el consumidor ~~adicto~~ necesita un estímulo cada vez más fuerte para que su atención sea captada, las empresas han buscado formas de ofrecer experiencias más personalizadas e impactantes. Por ejemplo, plataformas de *streaming* como Netflix y Spotify utilizan algoritmos de IA[133] para analizar los hábitos de visualización y escucha de los usuarios. Basándose en esta información, pueden ofrecer recomendaciones en el marco de sus productos que no solo se ajusten lo más posible al perfil del usuario, sino que también se pueda redirigir su atención a los productos que le conviene comercializar a la plataforma.

La IA y la automatización también han influido en los modelos de suscripción, permitiendo la implementación de modelos dinámicos que permiten ajustar las tarifas para obtener un mejor rendimiento de los usuarios, ofreciendo tarifas personalizadas basadas en su uso y su comportamiento, y aumentando la retención del cliente.

Además, la automatización en la gestión de suscripciones

permite a las empresas optimizar sus ingresos recurrentes. Las herramientas de IA pueden predecir cuándo es probable que un cliente cancele su suscripción y, en respuesta, emplear cualquier tipo de táctica para retener al usuario en función de su perfilado. Por ejemplo, si un cliente muestra signos de desinterés, se puede ofrecer un descuento temporal o una extensión de prueba gratuita para estimular su participación.

Estrategias específicas para monetizar datos de menores en internet

La monetización de datos de menores se refiere a la práctica de recopilar, analizar y utilizar la información personal de niños y adolescentes para generar ingresos. En los últimos años, el mercado de la publicidad digital dirigido a niños se ha vuelto extremadamente lucrativo. Hay estimaciones que evalúan que el gasto global en publicidad digital para niños podría alcanzar los 1.700 millones de dólares para 2021, con una gran tasa de crecimiento.[134] Teniendo en cuenta que el retorno sobre el gasto publicitario (ROAS, *return on ad spend* o indicador específico que mide la eficacia de una campaña publicitaria, calculando la relación entre los ingresos generados y el costo de los anuncios) estima que un retorno de tres o cuatro veces la inversión es ideal: podríamos decir que la publicidad para niños está moviendo una economía que es superior a los 6.000 millones de dólares.[135]

Una estrategia efectiva para monetizar datos de menores es crear contenido interactivo y educativo que fomente la participación. Las aplicaciones educativas, los juegos interactivos y las plataformas de aprendizaje en línea pueden atraer a los menores, ofreciendo a las empresas la oportunidad de recopilar datos sobre sus preferencias y comportamientos. Por ejemplo, aplicaciones como Khan Academy Kids[136] y Prodigy no solo ofrecen aprendizaje interactivo, sino que también recopilan datos valiosos sobre el progreso y las preferencias de los menores. Este enfoque permite a las empresas desarrollar perfiles de usuario más completos y precisos.[137]

Permitir que los menores participen en la creación de contenido, ya sea a través de concursos, desafíos o comentarios, puede hacer que se sientan más conectados con supuestos homólogos, pero en definitiva con la marca. Esto no solo les otorga un sentido de pertenencia a un entorno virtual que simplifica las interacciones, sino que también genera fidelización al mismo servicio.

La gamificación, ya mencionada, es otra técnica efectiva para involucrar a los menores en experiencias que recopilan datos. Al incorporar elementos de juego, como recompensas, niveles y desafíos, las empresas pueden motivar a los menores a interactuar más con el contenido. Esto no solo aumenta el tiempo de uso, sino que también proporciona más datos sobre el comportamiento del usuario.

Por ejemplo, plataformas de aprendizaje como Duolingo[138] utilizan la gamificación para incentivar el aprendizaje de idiomas, lo que resulta en una mayor recopilación de datos sobre el rendimiento del usuario. Las empresas pueden utilizar esta información para personalizar experiencias, crear contenido relevante y, en última instancia, monetizar esos datos.

Del mismo modo, implementar un modelo de suscripción es una forma efectiva de monetizar datos de menores. Al ofrecer acceso *premium* a contenido exclusivo, las empresas pueden generar ingresos recurrentes mientras recopilan datos sobre el uso y las preferencias de los usuarios.

Pongamos un ejemplo: plataformas como Netflix[139] y Disney+[140] ofrecen suscripciones que permiten a los menores acceder a una amplia gama de contenido. Estos servicios pueden utilizar datos de visualización específicamente para personalizar recomendaciones y mejorar la experiencia del usuario. Al comprender qué contenido es más atractivo para los menores, las plataformas pueden ajustar sus ofertas y promociones.

Los modelos *freemium*, que ofrecen contenido básico gratuito y opciones *premium* de pago, son otra estrategia viable. Este enfoque permite a las empresas recopilar datos de usuarios que utilizan la versión gratuita y luego convertir a algunos de esos usuarios en suscriptores de pago a medida que buscan experiencias mejoradas. Aplicaciones de juegos y educación, como *Minecraft: Education Edition*,[141] implementan este modelo al ofrecer acceso gratuito con características limitadas y opciones de pago que desbloquean contenido adicional. Como decíamos antes, al analizar el comportamiento de los usuarios en la versión gratuita, las empresas pueden identificar qué características son más atractivas para el usuario y utilizar esa información para impulsar las conversiones a suscripciones de pago.

Por otro lado, las colaboraciones con marcas que buscan dirigirse a audiencias más jóvenes pueden proporcionar oportunidades valiosas para monetizar datos de menores.

Nada impide que las empresas se asocien con marcas relevantes para desarrollar campañas de marketing dirigidas que utilicen datos de usuario para segmentar a su audiencia de manera más efectiva.

Por ejemplo, una aplicación educativa podría asociarse con una marca de juguetes o ropa para crear contenido promocional que resuene con los intereses de los menores. Estas colaboraciones no solo generan ingresos, sino que también ofrecen a las empresas acceso a datos sobre la interacción y el comportamiento de los usuarios en relación con las marcas asociadas.

Los patrocinios son otra vía potencial para monetizar datos de menores. Las empresas pueden trabajar con patrocinadores que desean promocionar sus productos a un público más joven, utilizando los datos recopilados para personalizar los anuncios y promociones. Por ejemplo, una plataforma de juegos podría permitir que los patrocinadores muestren anuncios dirigidos basados en las preferencias y comportamientos de juego de los usuarios.

Por desgracia, el sistema permite que se empleen todas las estrategias que comúnmente se utilizan para capturar la atención y la retención de adultos, ajustadas al perfil, que en este caso será el de un menor. Como venimos comentando, su cerebro aún no madurado les pone en especial peligro: por eso es importante que la sociedad en conjunto se haga consciente de los peligros que nos acechan.

ANEXO 2
La protección del menor por defecto en internet

En este segundo anexo, me gustaría incidir en uno de los temas clave que me han llevado a la escritura de este libro: la consecución de un sistema que proteja al menor por defecto, y no *después* de que hayan sido expuestos.

Comencemos destapando uno de los grandes problemas: los servicios que se construyen sobre internet, sobre todo cuando están orientados a su uso por personas menores, habitualmente se presentan como herramientas con gran potencial educativo, social y creativo, que además están dotadas de medidas de seguridad para proteger a niñas, niños y adolescentes.

Sin embargo, la realidad puede diferir significativamente de los mensajes que se muestran en la publicidad de muchos productos y servicios, y es importante que seamos muy conscientes de ello. En lugar de un espacio seguro, los menores se enfrentan a riesgos como contenido inapropiado, ciberacoso, explotación, adicciones y manipulaciones para aceptar contratos o condiciones de uso en ciertas actividades y plataformas.[142] En muchos casos, los servicios que se ofrecen a través de internet y en los teléfonos móviles están diseñados para convertir a los menores en usuarios dependientes, creando clientes cautivos a largo plazo. El menor, en esos casos, es tratado como «producto» cuya información personal se monetiza mediante el proceso de «datificación».[143, 144]

En ocasiones, se ha dado la vuelta al espíritu de la norma para implementar una **intrusión aún más profunda en la privacidad del menor y en la de todos los usuarios en internet.** Esto se consigue con una mayor vigilancia y control de toda la actividad de cada una de las personas que usan internet, gracias a que la protección del menor se ha interpretado como una justificación legal para determinadas acciones: una mayor cantidad de datos para comercializar, una monetización de los servicios, y a la larga una menor seguridad de los menores. El resultado suele ser una hipervigilancia que implica tratamientos masivos de datos personales de todos los ciudadanos, perfilado, detección y catalogación de menores a través de la red, y pérdida de control de los datos personales.

Los servicios de internet deberían proporcionar a los padres, los educadores, los Gobiernos, los reguladores, las autoridades judiciales o las autoridades de control las herramientas para asumir sus correspondientes obligaciones, que pasan por garantizar que los niños, niñas y adolescentes (NNA) pueden aprovechar realmente las oportunidades que ofrece el espacio digital. Y no solo aprovechar esas oportunidades, sino también blindarlos adecuadamente de los riesgos que supone para proteger así su desarrollo como personas. Sin embargo, no es esto lo que sucede. Al revés, algunos servicios de internet promueven campañas para arrogarse funciones que corresponden a los padres, los educadores, los Gobiernos, los reguladores, las autoridades judiciales o las autoridades de control.[145]

La protección de los menores estará en riesgo si se pretende impedir que aquellos que sí están motivados y realmente legitimados para proteger a los niños no puedan cumplir con sus obligaciones en su protección, cuidado y educación. Sus diferentes obligaciones no son delegables, ni deben basarse en «actos de fe», sobre todo, en actores de internet, dado que su modelo de negocio está precisamente basado en la exposición del menor en las redes.

Como venimos repitiendo a lo largo del libro, muchas de las empresas de internet plantean estrategias (de hecho, ¡invierten millones en ello!) para mantener a los menores como usuarios cautivos, gastando más tiempo pegados a las pantallas, para garantizar sus estrategias de monetización. Por esa razón, en vez de proponer medidas de protección por defecto, siempre se están planteando medidas de tipo reactivo.

Un claro ejemplo es la posibilidad (incluso el fomento) de que cualquiera pueda iniciar un contacto con un NNA a través de los chats de un servicio o plataforma (mensajería, videojuegos, etc.). Hay muy pocas herramientas diseñadas por defecto en los servicios que solo permitan a aquellos que ostentan la patria potestad o tutela la decisión de quién puede contactar con el menor. En este punto, en muchas ocasiones, se deja a los propios servicios de internet, que, una vez que se está ya produciendo el daño, de forma reactiva y solo ante la evidencia de algún tipo de acoso, pongan en marcha los mecanismos de alerta. Y todo ello según los criterios del propio proveedor del servicio.[146]

Cuando no se plantean medidas reactivas, se plantean soluciones basadas en posibilitar a los proveedores de servicios de internet el conocimiento de quién es un NNA, o incluso qué edad concreta tiene. Por ejemplo, cuando se ofrecen espacios o cuentas específicos para menores, lo que se denomina espacios *seguros* para menores.[147] De esta forma, el proveedor puede controlar, configurar y monitorizar la actividad del NNA durante el uso de su servicio, vigilando su actividad y adaptando los mensajes y la información para que el menor tome decisiones (que, en muchos casos, no le corresponden).

La aplicación de estas estrategias precisa, de nuevo, de una intervención intrusiva de algunos servicios de internet en forma de vigilancia o perfilado que **vulnera de manera sistemática la privacidad de todos los usuarios**. Además, implican tener al menor localizado y fácilmente accesible para servicios de terceros o, directamente, actores maliciosos. Si alguien tiene una lista de cómo acceder a menores a través de internet, su edad y más datos, antes o después esa lista puede caer en manos de personas indeseables que tratarán de aprovecharse de esa información.

Además, esta estrategia puede pretender legitimar un tratamiento masivo de datos personales de NNA, empezando por su identidad.[148] Por otro lado, puede esconder propósitos de perfilado en relación con patrones engañosos o adictivos, fidelización, contratación, consumo o monetización de datos personales.

Cabe preguntarse por qué no tomar como ejemplo el mundo físico. Pongamos el caso de garantizar el derecho de los NNA a circular libremente por las calles. Normalmente esto se pretende conseguir con calles en las que un menor no pueda ser dañado por defecto, y siempre deben hacerlo bajo supervisión de un adulto. ¿No nos parecería absurdo que el derecho de los menores a pasear libremente se tuviera que materializar abandonándolos a su suerte, para que deambulen erráticamente con la posibilidad de estar en las peores calles y esquinas, y esperar a una llamada de auxilio para actuar, o, si entran en algún lugar de dudosa reputación, sean sus dueños a los que se ha habilitado para que tomen las medidas oportunas?

Esto no tienen ningún sentido. Sobre todo cuando sí es posible proporcionar a padres, educadores, Gobiernos, reguladores y otras autoridades los recursos necesarios para ejercer sus diferentes obligaciones y establecer, en cada caso, las medidas *a priori* que eviten los principales elementos de riesgo.

Si hay que proteger al menor, hay que saber de qué hay que protegerlo

Para garantizar la protección de menores en el entorno digital, es fundamental entender los riesgos específicos a los que están expuestos. Según la clasificación de la OCDE,[149] estos riesgos se organizan en cinco categorías, conocidas como *las cinco C*.

La primera categoría es **contenido**, que abarca material de odio (por motivos de raza, género, religión u orientación sexual), contenido dañino (pornografía, violencia extrema, consumo de sustancias, entre otros), contenido ilegal (abuso sexual o terrorismo) y desinformación. La exposición a este tipo de contenido puede impactar negativamente en la salud mental y el desarrollo afectivo de los menores, dejándolos vulnerables a trastornos emocionales.

La segunda categoría es **conducta**, que se enfoca en los comportamientos que pueden tener los propios menores en línea. En este caso, los menores pueden involucrarse en conductas de odio, como el ciberacoso, o en actividades dañinas y peligrosas, como el *sexting*. Al adoptar este tipo de conductas, los menores son tanto agresores como víctimas, ya que se colocan en situaciones de vulnerabilidad que pueden llevar a consecuencias legales o emocionales no deseadas. Esta categoría enfatiza cómo el comportamiento proactivo de los menores en internet puede ser una fuente de riesgo en sí misma.

Contacto es la tercera categoría de riesgo y se refiere a interacciones donde los menores son abordados por otros usuarios en internet. Esto puede llevar a la exposición a mensajes de odio directos, otros tipos de acoso, extorsión sexual (sextorsión) o *grooming*. En estos casos, los menores son víctimas directas en lugar de participantes activos.

La cuarta categoría, **consumo**, comprende situaciones en las que los menores, como consumidores, pueden recibir publicidad inadecuada, por ejemplo, de productos no aptos para su edad, o publicidad oculta de influencers o mediante *product placement*.[150] Además, los menores pueden ser manipulados para suscribir contratos o compras, acciones con una carga económica[151] que no entienden completamente o que no son beneficiosas para ellos, adquiriendo deudas, que pueden suponer cargas astronómicas para su entorno familiar. Estas estrategias aprovechan la inexperiencia de los menores, exponiéndolos a decisiones de consumo que deberían ser tomadas por adultos.

La quinta categoría es el **corte transversal**. Se refiere a una serie de riesgos que no se pueden encuadrar entre los anteriores, ya que tienen un carácter marcadamente transversal. Entre ellos están los riesgos para la privacidad, como la sobreexposición o el *sharenting* (cuando los padres comparten excesiva información sobre sus hijos en redes sociales). También incluye riesgos asociados al uso de nuevas tecnologías, como la inteligencia artificial, la geolocalización mediante dispositivos del internet de las cosas y la autenticación biométrica, que pueden violar la privacidad o la seguridad de los menores.

También, en esta categoría transversal (*cross-cutting*) están los riesgos para la salud mental y física, generados por patrones adictivos en servicios y aplicaciones o por el uso excesivo de pantallas. Como ya hemos abordado en el libro, estas prácticas pueden afectar la salud de los menores, induciéndolos a conductas adictivas y alterando su bienestar físico y psicológico debido al tiempo excesivo dedicado a dispositivos digitales.

Por último, está el mayor peligro, que es que el menor pueda caer en las manos de redes de pedofilia, la manipulación por pederastas, su introducción o la introducción de las conductas que estos inducen en el grupo de amigos, etc. Cuando se salta del contacto virtual, que en sí supone muchos riesgos, al contacto en el mundo real y con conductas inducidas, donde ya peligra su integridad física, se está en peligro de abusos sexuales, o incluso de perder la vida.

Todos estos riesgos afectan continuamente a los menores debido a que algunos servicios de internet buscan al menor a través de sus servicios.[152] Justo lo contrario que tendrían que hacer: incorporar una protección por defecto a todos los usuarios vulnerables. De hecho, esta falta de protección se extiende a todos los usuarios, ya sean menores, adultos o miembros de cualquier otro colectivo, ya que la base del modelo de negocio de estos servicios se centra en la monetización de la exposición de las personas en el entorno digital. Esto significa que tanto los propios servicios de internet como los miembros que participan en las redes de marketing, que pueden ser más o menos honestos, obtendrían beneficio de esta exposición, sin considerar las repercusiones negativas que puede tener.

Además, la configuración de estos servicios permite la posibilidad de adquirir funciones adicionales, no ya por el usuario final, sino de explotación de datos, y que se pongan a disposición de cualquiera que paga un precio.[153]

Es imperativo, por lo tanto, que se implementen **medidas efectivas para mitigar estos riesgos** y garantizar un entorno digital que realmente proteja por defecto a todos los usuarios, especialmente aquellos más vulnerables.[154] Aún más, es necesario establecer entornos protegidos por defecto para no crear nuevas situaciones de vulnerabilidad, por ejemplo, para personas mayores.

Las buenas intenciones

Todo el mundo expresa, al menos públicamente, la necesidad de protección de los menores y de las personas vulnerables en internet. Es una verdad científicamente demostrada, y evidente ante nuestros ojos, que se está produciendo un daño irreversible a los menores.[155, 156] Los hechos son inmutables; sin embargo, cada uno los está interpretando según sus intereses.

Esto es lo que está sucediendo con algunos servicios de internet, que ven en la supuesta protección del menor una oportunidad para monetizar, aún más, a los menores.

La interpretación interesada del concepto de protección del menor, ya sea por parte de algunos servicios de internet o a través de decisiones políticas y regulatorias que adoptan visiones cortoplacistas, puede generar una serie de riesgos que van mucho más allá de la simple protección de los menores. Este enfoque limitado no solo afecta a los menores, sino que puede tener repercusiones negativas para todos los colectivos que interactúan en el ámbito digital, incluyendo adultos y comunidades enteras.[157]

Los riesgos asociados con esta interpretación sesgada pueden generar un impacto significativo en la dinámica social en línea, creando un entorno donde las decisiones se toman sin una evaluación adecuada de las posibles consecuencias a largo plazo. Por ejemplo, la implementación de medidas que se basan en una comprensión simplista de la protección puede llevar a la creación de espacios digitales que son, en esencia, más peligrosos para los menores, al dejar de lado la complejidad de sus necesidades y derechos. Esto puede resultar en una erosión de la confianza en los sistemas de protección diseñados para ellos, así como en una percepción distorsionada de lo que constituye un entorno seguro en línea. En consecuencia, las implicaciones sociales de tales decisiones pueden ser profundas y de alcance desconocido, afectando la cohesión social y la forma en que se construyen las relaciones interpersonales en el mundo digital.

Por lo tanto, es esencial que se adopte un enfoque más holístico y bien fundamentado en la protección de los menores, que no solo tenga en cuenta sus necesidades específicas, sino que también contemple el impacto más amplio en la sociedad en su conjunto. Es crucial, por lo tanto, que se aborden estos equívocos con seriedad, basados en un análisis riguroso que tenga en cuenta todos los distintos factores y que se desarrollen estrategias que realmente protejan a los menores de forma efectiva y objetivamente evaluable de los riesgos asociados con su interacción en línea.

Entornos seguros

Algunos de los equívocos más peligrosos que han surgido en el debate sobre la protección de los menores en línea están relacionados con conceptos como *entornos seguros, cuentas para menores* y diseños *adecuados para la infancia*. Aunque estos términos pueden parecer benignos y atractivos, en realidad, pueden implicar serios riesgos que no deben subestimarse.

Por supuesto, darle a un producto o servicio la etiqueta[158] de «seguro» no lo convierte en algo realmente seguro. Además, cuando un entorno se presenta como seguro para los menores, se crea una ilusión de protección que puede hacer que los padres y tutores bajen la guardia, permitiendo que los menores sean más fácilmente localizados y accesibles para diversos servicios de terceros, ya sean autorizados o no. Esta situación genera un efecto similar al de «pescar en una pecera», donde los menores son objetivos vulnerables dentro de un espacio bien definido, expuestos a la posibilidad de ser aprovechados por individuos o entidades maliciosas.

Además, en muchos casos, se propone identificar específicamente a aquellos usuarios que son niños, niñas y adolescentes con el fin de adaptar las interfaces digitales a sus características y, a menudo, hacerlo de manera que fomenten la adicción. Resulta evidente que la protección de ese menor es lo que menos les importa a estas empresas si están en juego sus beneficios, y esta estrategia les permite monitorizar de manera más precisa la actividad de los menores, recopilando datos sobre su comportamiento y sus interacciones con diversos estímulos digitales. Esta recopilación de datos no solo sirve para perfilar a los menores, sino que también puede dar lugar a prácticas manipulativas que afectan a su bienestar emocional y psicológico.[159] Por lo tanto, aunque la idea de crear entornos y cuentas seguras para menores parezca positiva en teoría, en la práctica puede contribuir a la explotación y también a la vulnerabilidad de los más jóvenes en un entorno digital que no siempre prioriza su seguridad y desarrollo saludable.

Información a los menores

Un argumento habitual para justificar la necesidad de conocer qué usuarios concretos son NNA es que la información para la toma de decisiones ha de estar adaptada a un lenguaje que ellos puedan entender, por ejemplo, en el caso de los términos de servicio. Sin embargo, la toma de decisiones para consentir tratamientos de datos personales, contratar o consentir el contacto con otros usuarios es una obligación que **legalmente recae sobre los que ostentan la patria potestad o tutela.** No es necesario adaptar el lenguaje para que los NNA tomen decisiones que, según su edad, ni siquiera les corresponden. Ya sabemos que en Europa la edad mayoritaria para consentir el tratamiento de los datos es 16 años, y en España se ha propuesto elevar de 14 a 16 la edad para el consentimiento en el Anteproyecto de Ley de Protección a los Menores en el Ámbito Digital.

La realidad es justo la contraria: el lenguaje utilizado a la hora de consentir o contratar ha de estar adaptado a que los padres comprendan las posibles consecuencias negativas que puede tener para sus hijos.

El diseño adecuado a la edad

El tema del diseño adecuado a la edad está muy relacionado con lo expresado anteriormente, el argumento de que es necesario saber quién es menor y su edad con precisión para, de esta forma, adaptar los entornos digitales y el diseño a las distintas franjas de edad.

Sin embargo, esta justificación plantea serios problemas, ya que implica que los menores deben interactuar con espacios de internet que ofrecen las mismas características y funcionalidades a todos los usuarios que se encuentran en un rango de edad tan amplio, que va desde los 5 hasta los 14, 16 o incluso 18 años. Esto no solo es poco realista, sino que también ignora las distintas necesidades y capacidades que poseen los menores en cada una de estas etapas de desarrollo. Alternativamente, si se busca una mayor granularidad en la determinación de la edad del NNA, se corre el riesgo de forzar a estos usuarios a adaptarse a una «media» o a estándares predefinidos por un proveedor que no necesariamente reflejan sus experiencias individuales ni sus necesidades específicas. De este modo, se perpetúa la idea de que todos los menores deben encajar en un molde uniforme, lo que puede resultar perjudicial para su desarrollo.

El mercado de la identidad digital

Además, muchas de estas iniciativas implican el uso de nuevos esquemas de gestión de identidades en internet, que pueden ser específicos para menores o generales para todos los usuarios. Por desgracia, estos esquemas a menudo recogen datos personales de una manera que carece de las garantías necesarias para proteger la identidad individual, conforme a las regulaciones nacionales o europeas.

Detrás de esta última estrategia se podría esconder el propósito de crear nuevas oportunidades de negocio en torno a la identidad digital, planteada la identidad, un derecho de todos los ciudadanos, como un servicio bajo el control de determinados servicios de internet. Y es que estos esquemas, aunque fueran aplicados inicialmente solo a los NNA, serían los que se extenderían en el futuro, dado que los usuarios que ahora son NNA se convertirán en usuarios adultos más adelante, y por eso su protección resulta tan importante.

Lo que puede resultar aún más preocupante es la tendencia a convertir la identidad de las personas, que es un derecho fundamental, en un simple servicio comercial. Esto no solo despoja a los individuos de su autonomía y privacidad, sino que también contribuye a una cultura en la que los datos personales se convierten en moneda de cambio, exacerbando aún más la vulnerabilidad de los NNA en un entorno digital que, en teoría, debería ser protector.

Exponer al menor al daño

Como se ha señalado anteriormente, otro error muy extendido es el que pretende ofrecer un internet seguro basado exclusivamente en estrategias de tipo reactivo. Una estrategia reactiva se basa en dejar que se realicen tratamientos de datos personales de NNA, que sean expuestos a riesgos y, en el mejor de los casos, reaccionar cuando se detecte que se está produciendo un daño. Esto implica exponer al menor a que, por ejemplo, cualquier usuario pueda contactarlo; someter a todos los usuarios a técnicas de vigilancia y perfilado; acumular evidencias de acoso o pedofilia; aplicar criterios establecidos por el proveedor del servicio y finalmente actuar. Esta estrategia precisa que se produzca un daño al menor y, además, que se produzca una intervención intrusiva y sistemática a la privacidad de todos los usuarios, por lo que los tratamientos de datos personales involucrados no son idóneos ni leales.

Protección integrada en el ecosistema de internet

Vayamos al quid de la cuestión: el ecosistema de internet no puede tratarse como un conjunto de islas independientes. Una protección efectiva de todos los derechos, de los ciudadanos y de los menores no puede lograrse solo con sistemas de verificación de edad de forma aislada, o con la estrategia de tal o cual servicio de internet de forma desorganizada o con decisiones unilaterales. La protección efectiva exige una visión holística del interés superior del menor y de la protección de sus derechos fundamentales, además de preservar los derechos de todos los ciudadanos.

Es decir, un internet seguro por defecto no puede limitarse a unos aspectos concretos (a acceso a contenido inadecuado, o solo a los problemas de captación, o adicción, etc.), ni considerarlos de forma inconexa, sino que tienen que contemplarse todos los derechos de forma unificada, sin establecer ninguna jerarquía o prioridad entre ellos.

Para efectuar un cambio de paradigma en la protección de los NNA se requiere una **cooperación entre los implicados en el ecosistema** de internet a la hora de diseñar soluciones, además de una comunicación efectiva entre ellos ante la identificación de nuevas amenazas a través de un marco de gobernanza. Los implicados son los proveedores, fabricantes, intermediarios y resto de los operadores de internet, así como las autoridades de protección de datos, de consumo y las competentes en la regulación del mercado, especialmente de productos y servicios que se ofrecen en internet. También las organizaciones gubernamentales y no gubernamentales que tienen como propósito la educación y la protección del menor, tanto españolas como europeas. Y, por supuesto, los responsables de tratamientos de datos personales que consuman o utilicen los productos y servicios que se ofrecen en internet y aquellos que ostentan la patria potestad o tutela de los NNA.

Estrategia para la protección del menor

La protección de la infancia es un objetivo esencial, y su implementación debe armonizarse cuidadosamente con el respeto a los derechos y libertades de todos los usuarios de internet, es decir, de la ciudadanía al completo. Para alcanzar un equilibrio efectivo en este aspecto, es crucial utilizar una variedad de métodos, herramientas y procesos que, integrados de manera estratégica, refuercen la protección de los menores sin afectar negativamente los derechos de los demás usuarios. Este enfoque permite que la protección de los menores en entornos digitales sea sólida y respetuosa, asegurando que tanto el interés superior del menor como las libertades individuales coexistan en un marco de responsabilidad compartida.

Cambio de paradigma

En definitiva, la protección efectiva de menores y de todas las personas en internet requiere un cambio de paradigma que supere las aproximaciones reactivas o aquellas centradas en la identificación de riesgos después de que estos se manifiesten. La gestión de los riesgos para los niños, niñas y adolescentes debe ser siempre proactiva, enfocándose en la prevención y en minimizar posibles impactos y daños antes de que ocurran, en lugar de reaccionar ante ellos una vez sucedidos. Este enfoque preventivo busca anticipar y mitigar situaciones potencialmente perjudiciales, fortaleciendo la seguridad en línea sin necesidad de intervenciones *a posteriori*.[160]

Otro cambio importante de paradigma es que ha de estar orientado a permitir al adulto seleccionar a qué riesgos se quiere exponer, manifestando su condición de adulto y su deseo positivo de someterse a dichos riesgos. Por tanto, no debe ni identificar a los menores, ni exigir que estos realicen ninguna acción, ni que se expongan a ningún peligro, incluyendo el tratamiento de sus datos. Esto quiere decir que el enfoque de protección debe ser habilitador sobre un entorno de protección por defecto. El nuevo enfoque ha de permitir que solo aquellos usuarios que cumplen con el umbral de edad requerido puedan acceder a ciertas acciones o contenidos en internet. Así, los menores no necesitan demostrar su edad ni exponerse a verificaciones para restringir el acceso a contenidos, contactos, o contratos; en cambio, el sistema mismo actúa como barrera de protección automática, respetando la privacidad y seguridad de los menores sin hacerlos partícipes directos del proceso.

En este nuevo paradigma, se devuelve a familiares y tutores la capacidad de ejercer su deber de cuidado, facilitando que puedan asumir su rol de supervisión y apoyo. La carga de demostrar la intención y capacidad de asumir ciertos riesgos recae sobre aquellos usuarios que, por edad o voluntad, están en condiciones de hacerlo, mientras que los menores permanecen seguros y alejados de situaciones inapropiadas o peligrosas. De este modo, la protección en línea prioriza la seguridad de los NNA sin exponer sus datos personales o comprometer su privacidad.

Algunas estrategias concretas serían las siguientes. En primer lugar, es fundamental un **mecanismo adecuado y efectivo de verificación de edad.** Este proceso asegura que solo las personas autorizadas puedan acceder a contenidos diseñados exclusivamente para adultos, ayudando a prevenir que los menores se expongan a los riesgos antes establecidos. Como explicaba anteriormente, los mecanismos actuales mayoritarios existentes, en muchas ocasiones, recogen datos excesivos, datos de menores, etc.

Otro componente crucial es el **establecimiento de políticas claras de calificación de sitios web y contenidos según la edad** (PEGI,[161] ESRB,[162] IARC).[163] Esto implica definir criterios que identifiquen qué páginas, o secciones de sitios generalistas, están destinadas exclusivamente para adultos y cuáles requieren restricciones de acceso por edad. Estas políticas sirven de base para un sistema de protección que orienta a los menores y a sus responsables sobre el contenido adecuado según la madurez del usuario.

La implementación de estas políticas debe reflejarse en una clasificación efectiva de los sitios web y sus contenidos. Este proceso implica aplicar las políticas de edad establecidas, asegurando que los menores estén protegidos de contenidos, comportamientos, contratos, contactos u otros que ponen al menor en peligro. La clasificación adecuada proporciona un mapa de riesgos para los usuarios menores de edad y guía tanto a las plataformas digitales como a los responsables de los menores.

La **ejecución de políticas de acceso** es otro paso esencial, ya que permite filtrar el contenido en función de la edad del usuario. Es decir, la ejecución efectiva de las políticas y el detalle de cómo se van a implementar en la realidad. Esta etapa exige que las entidades responsables, incluidos los sitios web, tiendas de aplicaciones, redes sociales, motores de búsqueda, empresas de telefonía móvil y fabricantes de videojuegos y dispositivos, apliquen las políticas de acceso y clasificaciones en sus plataformas. De esta manera, se asegura un ecosistema digital coherente en el que los menores se encuentren protegidos independientemente del dispositivo o plataforma que utilicen. Por ejemplo, esto implica que todo el ecosistema digital esté concienciado y aplique su responsabilidad de forma proactiva: si un menor de 10 años va a intentar acceder a porno violento, deberían saltar todas las alarmas en los controles de acceso de su teléfono móvil o el dispositivo digital que esté usando, del buscador o la red social desde donde está intentando acceder y de la empresa que ofrece estos servicios de adultos. Solo así se podrá proteger de forma efectiva en el mundo digital lo que ahora conseguimos con más facilidad en el mundo físico, donde un menor no puede entrar en una discoteca, conducir o comprar alcohol.

En conjunto, estos elementos crean un sistema de protección integral en el cual la verificación de edad, las políticas de calificación, la clasificación de sitios, contenidos y servicios, y la ejecución de políticas de acceso trabajan en armonía. Esta aproximación integral no solo salvaguarda la experiencia de los menores en el entorno digital, sino que también involucra a todos los actores del ecosistema digital en una responsabilidad compartida hacia la protección de los menores.

Verificación de edad

Por si no ha quedado suficientemente claro, las soluciones de verificación de edad son aquellas que permiten determinar si un usuario supera la edad mínima requerida para pasar un control de edad (*age gate*) en línea. Por ejemplo, si un usuario supera los 18 años requeridos para jugar a un videojuego calificado como violento o para configurar una app de mensajería de manera que se puedan recibir mensajes de cualquier otro usuario sin limitaciones.

Para lograr una protección equilibrada del menor, se ha señalado que es esencial emplear una combinación de métodos, herramientas y procesos que, en conjunto, refuercen la protección sin comprometer los derechos de los usuarios. En este contexto, la verificación de la edad desempeña un papel clave, siempre que se realice de manera rigurosa y cuidadosa, garantizando que todos los derechos fundamentales de cada usuario se respeten plenamente durante el proceso.

Consideraciones sobre la verificación de edad

La protección de los menores en internet tiene como propósito fundamental salvaguardarlos de la exposición a riesgos potencialmente perjudiciales, permitiendo que naveguen de forma segura y apropiada para su edad. Este objetivo no debe confundirse con la mera verificación de edad, ya que únicamente verificar la edad sin que los elementos dañinos para el menor se identifiquen y eviten de forma eficaz es inútil.

Tampoco hay que confundirlo con prácticas de vigilancia excesiva, ya que no se busca supervisar cada movimiento digital del menor, sino establecer barreras claras que limiten su exposición. Al implementar este tipo de protección, se considera que los contenidos destinados a adultos deben permanecer accesibles, pero exclusivamente para usuarios que cumplan con la edad mínima requerida, puedan demostrarlo de manera fiable y que realmente quieran estar expuestos a dichos riesgos. Esto último también es importante, no todos los adultos han de quedar expuestos a riesgos solo por la conveniencia de algunos servicios de internet, cuando hay importantes sectores de la población que también pueden ser puestos en situación de vulnerabilidad por estas prácticas, como pueden ser las personas mayores, con problemas permanentes o puntuales tanto físicos como psicológicos, en situación de exclusión social o problemas económicos, etc.

Lo importante aquí, por tanto, es que la estrategia de protección abogue por un equilibrio entre el acceso a la información para ejercer los derechos de los adultos en plena libertad y la protección de los menores. Esto implica el desarrollo de mecanismos que no solo filtren el contenido, sitios o servicios peligrosos según la edad, sino que también respeten la privacidad y autonomía de los menores en su proceso de aprendizaje y exploración en línea. Este enfoque incluye políticas de acceso, así como herramientas de filtrado en plataformas, para crear un entorno digital donde los menores puedan aprender y explorar sin ser expuestos a información dañina.

El respeto por la accesibilidad de contenido para adultos también es un aspecto crucial en este marco de protección. Las personas que cumplan con los requisitos de edad deben poder acceder libremente a este tipo de contenidos, en tanto que han tomado una decisión consciente y son capaces de comprender el impacto que puede tener acceder a sitios, contenido o servicios determinados y específicos. Esta disposición, sin embargo, requiere que los sistemas digitales establezcan controles efectivos y métodos de verificación para garantizar que el acceso se ajuste estrictamente a las políticas de edad establecidas. Hay que evitar que errores como, por ejemplo, los producidos en sistemas para estimar la edad permitan la exposición accidental o deliberada de los menores a material no apto para su desarrollo. O que esos sistemas de estimación nieguen a un adulto su derecho a obrar libremente por la red.

Finalmente, la protección en internet no solo busca limitar el acceso a contenidos inapropiados, sino también fomentar una cultura de uso responsable de las tecnologías digitales. La educación digital y el fortalecimiento de la conciencia sobre los riesgos en línea son esenciales para preparar a los menores para enfrentarse a los desafíos del mundo digital con criterios claros y habilidades de autocuidado, sin depender exclusivamente de filtros externos. Esta educación debe ser una parte fundamental del enfoque de protección, brindándoles herramientas para identificar, evitar y, en su caso, reportar situaciones o contenidos inadecuados.

La verificación de edad, dado que puede limitar derechos fundamentales, ha de ser exacta en cuanto a la idoneidad para cumplir con su propósito: capacitar para el acceso a ciertos elementos de internet que implican un riesgo para los NNA. Esto no significa que siempre sea necesario el tratamiento de la fecha de nacimiento de los usuarios de internet por parte de los proveedores de productos digitales. Recoger la fecha de nacimiento o la edad precisa de los usuarios de internet cuando no es necesario es contrario al principio de minimización. En la mayor parte de los casos de uso será suficiente con saber si el usuario supera un umbral de edad o, si se recurre a terceros de confianza mediante arquitecturas *tokenizadas*,[164] simplemente si está capacitado para acceder al elemento que solicita con un «¿supera el umbral de edad requerido?», que podrá responderse afirmativa o negativamente. Es decir, no es necesario saber la edad del menor que está intentando acceder y guardar y tratar ese dato, ni si el adulto tiene 20, 40 o 70 años, solo es necesario que se dé el atributo de que esa persona es mayor de 18 años y por tanto está autorizado a acceder.

El enfoque de aplicación de la verificación de edad debería ser siempre el de habilitación, es decir, orientado a demostrar que se supera el umbral de edad y que, por lo tanto, se puede realizar la operación que se está solicitando. De esta manera se limita el riesgo para los menores, se aplica la minimización de datos y el tratamiento es proporcional, ya que se evita el tratamiento de datos personales de NNA para disponer de acreditaciones o certificados específicos, instalar aplicaciones, etc.

De hecho, como es probable que, por su naturaleza, alcance, contexto o fines, la verificación de edad entrañe un alto riesgo para los derechos y libertades de los individuos, el responsable del tratamiento de datos personales asociado a esta verificación deberá realizar, antes del tratamiento, una evaluación del impacto que dicho tratamiento tiene en la protección de datos personales.

Principios de verificación de edad

La AEPD publicó en diciembre del 2023 su *Decálogo de principios: Verificación de edad y protección de personas menores de edad ante contenidos inadecuados.*[165] Este decálogo se planteó para facilitar el cumplimiento del RGPD y la defensa del interés superior del menor en escenarios en los que el propósito fuera la protección de la infancia ante contenidos inadecuados.

Las soluciones de verificación de edad pueden emplearse en casos de uso que no están relacionados exclusivamente con la protección ante contenidos inadecuados sino, también, con la protección ante otros tipos de riesgos. Esto es posible cuando el enfoque para utilizar la verificación de edad como herramienta fundamental en la protección de los NNA es el mismo: emplearse solo cuando sea necesario, minimizando los datos tratados (no es necesario conocer la fecha de nacimiento ni la edad exacta, solo que se supera un umbral de edad, y se tiene que verificar un documento oficial donde conste la edad y luego aplicar un segundo paso de verificación como, por ejemplo, reconocimiento facial, que se queda guardado en el móvil del usuario, de forma que, si el menor roba el documento a sus padres, no pasaría los filtros), poniendo la carga de la prueba en el usuario que supera el umbral de edad (la verificación de edad es siempre un habilitador) y respetando los principios y requisitos que recoge el RGPD.

Los principios destinados a garantizar la protección de los menores en el entorno digital buscan resguardar no solo su acceso a contenidos seguros, sino también protegerlos de cualquier otro tipo de amenaza que pueda poner en riesgo su integridad, tanto física como mental. Este enfoque amplio considera que la seguridad de los menores en internet no se limita a evitar el acceso a material inapropiado, sino que también debe abarcar otras formas de amenaza, como el acoso, el contacto no deseado, la explotación o cualquier situación que pueda perjudicar su bienestar emocional y psicológico. Con un internet seguro por defecto, la condición de menor de un NNA o su edad no se exponen ni se tratan. El tratamiento los datos personales de los NNA, incluida su condición de menor, no es necesario, proporcional y, en muchos casos, no es leal. La carga de la prueba de superar el umbral de edad necesario para realizar una actividad determinada en internet recae en el usuario con la edad adecuada. Y será un usuario adulto el que seleccione aquellos elementos (con los riesgos asociados) que se adecúan al nivel de madurez del NNA bajo su tutela. El tipo de contenido al que puede acceder un NNA, sus contactos, los contratos que puede realizar o las funcionalidades de los servicios a las que puede acceder son decisiones que la normativa asigna a aquellos que ostentan la patria potestad o tutela, que son los que han de acreditar su capacidad de obrar y a los que ha de estar dirigida la información que les permita tomar una elección fundamentada, no al NNA.

A continuación, se describen los principios propuestos para la protección de los menores en internet, abarcando tanto el control y gestión de contenidos como la vigilancia y mitigación de cualquier amenaza adicional que pueda surgir en el entorno digital. Estos principios están diseñados para actuar como una red de protección que considera tanto los riesgos visibles e inmediatos como aquellos menos evidentes, pero igualmente perjudiciales:

- Principio 1: la verificación de edad no debe posibilitar la identificación, el seguimiento o la localización de menores a través de internet.
- Principio 2: la verificación de edad debe posibilitar que las personas con la edad adecuada acrediten su condición de persona que «supera el umbral de edad requerido», y no al contrario, acreditar su condición de «menor de edad» o «no supera el umbral de edad requerido».
- Principio 3: la acreditación de la superación del umbral de edad requerido debe ser anónima para los proveedores de servicios de internet y terceras entidades.
- Principio 4: la obligación de acreditar la condición de persona que «supera el umbral de edad requerido» estará limitada únicamente a los tratamientos en los que dicha acreditación sea necesaria.
- Principio 5: la verificación de edad debe cumplir los requisitos de exactitud, idoneidad y minimización de datos. Para esto último debe categorizar si la persona «supera el umbral de edad requerido» o equivalente.
- Principio 6: la verificación de edad no debe posibilitar el perfilado de las personas en función de su navegación por internet.

- Principio 7: la verificación de edad no debe posibilitar la vinculación de la actividad de una persona entre distintos servicios de internet.
- Principio 8: toda solución para la verificación de edad debe garantizar el ejercicio de la patria potestad por los progenitores cuando el caso de uso así lo exija.
- Principio 9: toda solución para la verificación de edad debe garantizar los derechos fundamentales de todas las personas en su acceso a internet.
- Principio 10: toda solución para la verificación de edad debe tener definido un marco de gobernanza.

Demostrador de una solución a la verificación de edad respetuosa con todos los derechos y libertades

Insistamos una vez más: la tecnología se debe diseñar e implementar para dar soluciones sin crear nuevas amenazas ni recortar los derechos y libertades de todos los usuarios. Por ello, y en particular, la verificación de edad no debe crear nuevos riesgos, ni para los sujetos individuales, ni en forma de riesgos sistémicos para la sociedad en su conjunto.

Esto es posible y así lo demostró la AEPD en las pruebas de concepto ejecutadas sobre sistemas Android, iPhone y Windows en 2023 que llevó los principios antes señalados a la práctica en escenarios reales, probando su idoneidad.[166]

Las pruebas de concepto se basan, fundamentalmente, en que

es posible una separación clara entre la gestión de la identidad, la verificación de la edad y el filtrado de contenidos. Por lo tanto, demuestran que los proveedores de identidad que actualmente implementan el derecho a la propia identidad de la ciudadanía española y europea ya son suficientes, y que no es necesario construir sistemas paralelos de identidad digital para el propósito específico de acceso a contenidos inadecuados para menores.

Un aspecto fundamental para evitar la discriminación y los sesgos es que la solución de verificación de edad pueda interaccionar con aquellos proveedores de identidad que sean más adecuados para el usuario y que le den una mayor confianza. En particular, los orientados a ser compatibles con la cartera digital y con las garantías a la intimidad en internet que guían la iniciativa eIDAS2 y, a la vez, que se puedan extrapolar a proveedores universales de identidad, como los que expiden pasaportes u otras soluciones físicas o digitales.

Las pruebas de concepto también se basan en que la protección al menor puede realizarse totalmente en el propio dispositivo de usuario, teniendo las personas el control total sobre el uso de su identidad y su edad, de forma que los sistemas sean totalmente auditables y transparentes.

Finalmente, las pruebas de concepto demuestran que no es necesaria la localización, seguimiento y perfilado de menores en internet (ni de las personas usuarias en internet en general) para implementar la protección ante contenidos inadecuados.

Las pruebas de concepto se basan en la utilización de dos aplicaciones:

- Una aplicación de acceso a contenidos, de tipo navegador o app específica de un servicio de internet (la app para acceder a una red social, por ejemplo). Esta aplicación recibe contenidos desde el proveedor de contenidos en internet. Si están etiquetados como «todos los públicos», los muestra sin limitaciones. Si están etiquetados como «para personas adultas» o «inadecuados para menores», solo los muestra tras una verificación de edad de la persona usuaria.

- Una aplicación de verificación de edad, que recibe la solicitud de verificación de la aplicación anterior, comprueba la edad de la persona usuaria y genera la condición de persona «autorizada a acceder» si la persona usuaria puede acreditar con cualquier documento oficial la edad necesaria para acceder a ese contenido (podrían ser 14 años, 18 años u otras condiciones).

Un aspecto fundamental es que todo el proceso de verificación de edad y protección ante contenidos inadecuados se realiza sin salir del dispositivo de la persona usuaria ni realizar accesos a recursos externos.

Descripción a alto nivel del sistema implementado en las pruebas de concepto

Para evitar la señalización de menores en internet, es importante tener en cuenta que cuando la aplicación de verificación de edad no responde con la condición de persona «autorizada a acceder» puede ser por varias razones: porque la persona usuaria no tenga la edad requerida, pero también porque no haya podido o querido acreditarla, porque se haya producido un error, etc. Todas estas situaciones no se deben poder distinguir entre ellas.

Situaciones en las que no se acredita la condición de persona «autorizada a acceder»

También es importante mencionar que la aplicación de verificación de edad necesita que la persona usuaria acredite su edad de manera cierta, pero sin exponer su identidad. Para ello se emplea una app de verificación de edad, que hace de intermediaria entre diferentes proveedores de identidad y la aplicación que debe verificar la edad para permitir el acceso a ciertos contenidos. Las pruebas desarrolladas se han basado en el uso de códigos QR, identidades digitales almacenadas en carteras electrónicas o documentos de identidad físicos. Todos los procesos, el de alta en un sistema de gestión de identidades y uso de dicha identidad, y el de verificación de edad, se consideran procesos independientes y proporcionados por distintos intervinientes. Si la misma entidad diera el atributo de autorizado a acceder y el uso del contenido de adultos, se rompería el anonimato en la navegación de adultos a este tipo de contenidos, de ahí la importancia de que el proceso de gestionar el atributo y el uso de esa condición de autorizado a acceder estén diferenciados. La app de verificación de edad, ejecutándose únicamente en el dispositivo personal, evita la difusión de la identidad. Dicha app, al situarse entre la identidad y la generación de la condición de persona «autorizada a acceder», permite auditar que nunca se desvele la identidad a los proveedores de contenidos o terceras entidades. Actualmente ya existen productos en el mercado[167] y desarrollos de la Administración pública española.[168]

Acreditación de identidad independiente de la verificación de edad para el acceso a contenidos que, por tanto, será anónima

Para implementar estrategias que eviten la exposición de la condición de menor de la persona usuaria, es decir, para evitar que haya forma de localizar menores a través de internet, las políticas de filtrado de contenido se ejecutan también en el propio dispositivo. De esta forma, los servicios de internet permanecen ignorantes a la condición de menor de las personas usuarias.

Para terminar, la ejecución de las políticas de filtrado de contenidos en el propio dispositivo tiene otras ventajas colaterales: mayor transparencia, auditabilidad de la ejecución de las políticas, ajuste parental para menores con vulnerabilidades especiales, resistencia a VPN, etc.

AGRADECIMIENTOS

Quiero dar las gracias, en primer lugar, a mis dos hijos, por enseñarme tanto y ayudarme a concienciarme, con mis carencias y fortalezas como madre, a priorizar la importancia de la infancia y la juventud para poder acompañar a otras familias. Por extensión a toda mi familia y amistades, por su paciencia y apoyo cuando mi tiempo y disponibilidad ha estado tan limitado.

Al maravilloso equipo de la AEPD: sin su compromiso, su lealtad institucional, su creatividad y su entrega nada de lo que hemos hecho en estos años hubiera sido posible. A todos los miembros del grupo de salud digital, menores y privacidad, creado por la AEPD en el 2019, representantes de organismos públicos y privados, que trabajaron para llegar a un consenso de medidas que en parte han servido de base para las acciones que se han impulsado por los poderes públicos.

A los increíbles profesionales en el ámbito de la privacidad, la salud, la educación, la neurociencia, la criminología, que llevan años trabajando de forma invisible para que por fin se pueda visualizar en la sociedad la importancia de este tema.

A la Asociación Española de Pediatría, al Consejo General de la Psicología, a la Asociación Española de Psiquiatría Infantil y Juvenil por su trabajo incansable en la propuesta de medidas. A las personas expertas del comité para el desarrollo de un entorno seguro para la juventud y la infancia.

A María Salmerón, quien dio mi nombre a la editorial para escribir este libro y ha hecho una profunda labor en la Asociación Española de Pediatría, y a Penguin Random House Grupo Editorial y en especial la editorial Roca, por creer y apoyar el proyecto.

A los responsables políticos que están tomando decisiones legislativas y de políticas públicas en la buena dirección y a los medios de comunicación, por todas las campañas de la AEPD que emitieron de forma gratuita y por crear opinión y sensibilizar en este tema tan esencial. También a la industria de internet, por su apoyo al canal prioritario de la AEPD.

A los grandes sabios de la humanidad que han realizado su propio camino para ayudarnos a desarrollar una vida plena, y a mis maestros, que me han enseñado, apoyado y orientado hacia la dirección que hoy siento que es el motor de mi vida.

A la inteligencia innata de nuestro espíritu, con la confianza de que nos ayudará a despertar y concienciarnos sobre lo que de verdad importa.

NOTAS

1. Si tienes interés en detalles más técnicos, en el Anexo 1 podrás profundizar en el modelo de negocio actual de la industria.
2. Da Silva, F., y Núñez, G., «La era de las plataformas digitales y el desarrollo de los mercados de datos en un contexto de libre competencia», Documentos de Proyectos (LC/TS.2021/173), Santiago, Comisión Económica para América Latina y el Caribe (CEPAL), 2021. Disponible en: <https://repositorio.cepal. org/server/api/core/bitstreams/0c2536f0-bacc-491b-81ff-330298b959f2/content>.
3. Pujol Gil, E., *Web content delivery, monetization, and search*, 2017. Disponible en: <https://web.archive.org/web/20200109222439/ https:/depositonce.tu-berlin.de/bitstream/11303/6523/4/pujol_en-ric.pdf>.
4. AEPD, *Informe sobre la influencia de los patrones adictivos en internet, y en especial sobre los menores de edad*, 2024. Disponible en: <https://www.aepd.es/guias/patrones-adictivos-en-tratamiento-de-datos-personales.pdf>.
5. «Alphabet (Google) aumentó un 23 % el beneficio en 2023, hasta 68.140 millones», *Forbes*, 2024. Disponible en: <https://forbes. es/empresas/404207/alphabet-google-aumento-un-23-el-beneficio-en-2023-hasta-68-140-millones/>.

6. United States-Securities And Exchange Commission, *Annual Report Alphabet Inc.*, 2023. Disponible en: <https://abc.xyz/assets/5a/ae/29f710e646b49ee3d6b63c4dc3a0/goog-10-k-2023.pdf>.

7. Business of Apps, «Facebook Revenue and Usage Statistics», 2024. Disponible en <https://www.businessofapps.com/data/facebook-statistics/>.

8. Business Insider, «Amazon anuncia beneficios por más de 9.800 millones en el tercer trimestre y pone el acento en AWS y su negocio con la IA generativa», 2023. Disponible en: <https://www.businessinsider.es/tecnologia/resultados-amazon-q3-2023-grandes-beneficios-pleno-hype-ia-1326316>.

9. Business of Apps, «Amazon Statistics», 2024. Disponible en: <https://www.businessofapps.com/data/amazon-statistics/>.

10. Business of Apps, «Apple Statistics», 2024. Disponible en: <https://www.businessofapps.com/data/apple-statistics/>.

11. EFE, «Apple cierra su ejercicio 2023 con un beneficio de casi 97.000 millones de dólares». Disponible en: <https://efe.com/economia/2023-11-02/apple-cierra-su-ejercicio-2023-con-un-beneficio-de-casi-97-000-millones-de-dolares/>.

12. Business of Apps, «TikTok App Report», 2024. Disponible en: <https://www.businessofapps.com/data/tiktok-report/?utm_source=tiktok&utm_medium=click&utm_campaign=hyperlink>.

13. BrizFeel, «Shein Stats, Users, Revenue, Valuation & Market Share», 2024. Disponible en: <https://brizfeel.com/shein-stats-users-revenue/>.

14. Business of Apps, «Shein Downloads Jump 13 % Surpassing Amazon», 2022. Disponible en: <https://www.businessofapps.com/news/shein-downloads-jump-13-surpassing-amazon/>.

15. Business of Apps, «Temu Revenue and Usage Statistics», 2024. Disponible en: <https://www.businessofapps.com/data/temu-statistics/>.

16. Gamba, J., *et al.*, «An Analysis of Pre-installed Android Software», IMDEA Networks Institute, Universidad Carlos III de Madrid, Stony Brook University, ICSI, 2019. Disponible en: <https://dspace.networks.imdea.org/bitstream/handle/20.500.12761/684/

An_Analysis_of_Pre-installed_Android_Software_2019_
EN.pdf>.

17. «Los ingresos por publicidad de las apps crecieron en 2023»,
MarketingNews, 2024. Disponible en: <https://www.marke-
tingnews.es/investigacion/noticia/1182754031605/los-ingresos-
publicidad-de-las-apps-crecieron-en-2023.1.html>.

18. Ryan, J., y Christl, W., «Europe's Hidden Security Crisis», Irish
Council for Civil Liberties (ICCL), 2023. Disponible en: <https://
www.iccl.ie/wp-content/uploads/2023/11/Europes-hidden-secu-
rity-crisis.pdf>.

19. Google, *Guía de SEO para principiantes: conceptos básicos*.
Disponible en: <https://developers.google.com/search/docs/fun-
damentals/seo-starter-guide?hl=es>.

20. Think with Google, «La forma en la que los usuarios deciden qué
comprar depende de "la maraña de la toma de decisiones" durante el recorrido de compra», 2020. Disponible en: <https://www.
thinkwithgoogle.com/intl/es-es/insights/consumer-journey/el-lioso-
proceso-de-toma-de-decisiones-durante-el-recorrido-de-compra/>.

21. «Torches of Freedom Campaign», *Digital History*. Disponible en:
<https://omeka.uottawa.ca/jmccutcheon/exhibits/show/american-
women-in-tobacco-adve/torches-of-freedom-campaign>.

22. Zhang, D., y Huang, M., «A Precision Marketing Strategy of
e-Commerce Platform Based on Consumer Behavior Analysis
in the Era of Big Data», *Mathematical Problems in Engineering*, 2022, pp. 1-8.

23. Carmona, S., *Neuromaternal. ¿Qué le pasa a mi cerebro durante
el embarazo y la maternidad?*, Barcelona, Sine Qua Non, 2024.

24. Disponible en: <https://heckmanequation.org/wp-content/
uploads/2017/01/F_080613_HeckmanSpanishOne_0.pdf>.

25. Disponible en: <https://www.sciencedirect.com/science/article/
pii/S0010440X22000529>.

26. Disponible en: <https://scielo.isciii.es/scielo.php?script=sci_arttex
t&pid=S0211-57352012000400002>.

27. Disponible en: <https://www.electronicshub.org/the-average-
screen-time-and-usage-by-country/>.

28. Shapira, N. A., *et al.*, «Psychiatric Features of Individuals with Problematic Internet Use», *Journal of Affective Disorders*, 57, 2000, pp. 267-272.

29. Asociación Estadounidense de Psiquiatría, *Manual diagnóstico y estadístico de los trastornos mentales*.

30. Pallanti, S., Bernardi, S., y Quercioli, L., «The Shorter PROMIS Questionnaire and the Internet Addiction Scale in the Assessment of Multiple Addictions in a Highschool Population: Prevalence and Related Disability», *CNS Spectrums*, 11, 2006, pp. 966-974.

31. Disponible en: <https://www.scielo.org.mx/scielo.php?pid=S0187-358X2020000100229&script=sci_arttext>.

32. Disponible en: <https://pnsd.sanidad.gob.es/profesionales/sistemasInformacion/sistemaInformacion/pdf/2020_Presentacion_Adicciones_comportamentales.pdf>.

33. Disponible en: <https://www.infocop.es/espana-lidera-la-lista-mundial-de-consumo-de-benzodiacepinas-para-la-ansiedad/>.

34. Rial, A., *et al.*, «EUPI-a: Escala de uso problemático de internet en adolescentes. Desarrollo y validación psicométrica». Disponible en: <https://www.adicciones.es/index.php/adicciones/article/view/193/0>.

35. Disponible en: <https://ceapa.es/wp-content/uploads/2024/05/ADICCIONES-REDES-SOCIALES.pdf>.

36. Disponible en: <https://www.infocop.es/redes-sociales-videojuegos-y-salud-mental-nuevo-informe/>.

37. Estudio de GAD3 y Empantallados, «El impacto de las pantallas en la vida familiar. Familias y adolescentes tras el confinamiento: retos educativos y oportunidades».

38. Disponible en: <https://www.cyber-guardians.org/wp-content/uploads/2024/02/research-cyberguardian.pdf>.

39. Disponible en: <https://www.unicef.es/publicacion/impacto-de-la-tecnologia-en-la-adolescencia>.

40. Disponible en: <https://www.perseus-strategies.com/wp-content/uploads/2024/04/FINAL_Consumer_Neurotechnology_Report_Neurorights_Foundation_April-1.pdf>.

41. Izquierdo, B., *De los Reyes Magos al porno*, Albacete, Editorial Uno, 2022.

42. https://www.aepd.es/prensa-y-comunicacion/notas-de-prensa/comite-europeo-proteccion-datos-adopta-dictamen-sobre-verificacione-edad-en-internet.
43. Romero, 2011.
44. Caballero Trenado, 2022.
45. Disponible en: <https://www.savethechildren.es/informe-desinformacion-sexual-pornografia-y-adolescencia>.
46. Disponible en: <https://jamanetwork.com/journals/jamapsychiatry/fullarticle/1874574>.
47. Disponible en: <https://www.asianinstituteofresearch.org/_files/ugd/ed8b62_9b368915cfa540d99595f7bdd0166a6d.pdf>.
48. «Juventud y pornografía en la era digital». Disponible en: <https://www.centroreinasofia.org/publicacion/juventud-y-pornografia-en-la-era-digital-consumo-percepcion-y-efectos/>.
49. Mutua Madrileña y Guardia Civil, «Violencia sexual contra la infancia y la adolescencia en el ámbito digital».
50. Disponible en: <https://www.igualdad.gob.es/comunicacion/campanas/vamos-a-hablar-de-pornografia/>.
51. Informe de la Agencia, *Patrones adictivos en el tratamiento de datos personales*.
52. Disponible en: <https://sedeagpd.gob.es/sede-electronica-web/vistas/formNuevaReclamacion/nuevaReclamacion.jsf?QID=Q600&ce=0>.
53. Disponible en: <https://www.juventudeinfancia.gob.es/sites/default/files/infancia/comite_expertos/Informe %20del %20comit %C3 %A9 %20de %20personas %20expertas %20para %20el %20desarrollo %20de %20un %20entorno %20digital %20seguro %20para %20la %20juventud %20y %20la %20infancia.pdf>.
54. Disponible en: <https://www.codigofarmaindustria.org/sites/sarfi/codigo/codigo.html?idPag=9>.
55. Disponible en: <https://www.cis.es/documents/d/cis/cs3443mar-MT_a>.
56. Disponible en: <https://news.stanford.edu/stories/2009/08/multitask-research-study-082409>.

57. McGilchrist, I., *The master and his emmisary. The divided brain and the making of the western world*, Yale University Press, 2012.

58. Disponible en: <https://www.nejm.org/doi/full/10.1056/NEJMoa2026486>.

59. Iyengar, B. K. S., *Luz sobre el pranayama*, Barcelona, Kairós, 1997.

60. Disponible en: <https://www.tokyvideo.com/es/video/reaccion-de-un-bebe-a-su-padre-cuando-esta-con-el-movil>.

61. Disponible en: <https://www.youtube.com/watch?v=NVLm9LRDipk>.

62. Disponible en: <https://ruthfeldmanlab.com/publications/>.

63. «Embodied Mood Regulation. Cognition and Emotion», *National Library of Medicine*, 2017.

64. Disponible en: <https://www.youtube.com/watch?v=_Q82K-DZDGOg>.

65. Iyengar, B. K. S., *Luz sobre el pranayama*, Barcelona, Kairós, 1997.

66. Disponible en: <https://elpais.com/elpais/2013/05/27/laboratorio_de_felicidad/1369634940_136963.html>.

67. Disponible en: <https://www.medicaldaily.com/happiness-found-spending-money-others-not-oneself-lifelong-benefits-altruism-268692?utm_medium=referral&utm_source=idealist>.

68. Disponible en: <https://rpp.pe/vital/cuerpo-y-alma/ser-agradecido-impacta-de-manera-positiva-en-la-salud-sostiene-estudio-noticia-1147898>.

69. Disponible en: <https://www.aeped.es/noticias/aep-actualiza-sus-recomendaciones-sobre-uso-pantallas-en-infancia-y-adolescencia>.

70. Disponible en: <https://www.aepd.es/guias/la-guia-que-no-viene-con-el-movil.pdf>.

71. Disponible en: <https://www.aepd.es/prensa-y-comunicacion/notas-de-prensa/hay-mas-riesgos-en-internet-que-en-la-vida-real-nueva-campana; véase en: https://www.youtube.com/watch?v=Txe-galN_jU>.

72. Disponible en: <https://www.aeped.es/sites/default/

files/20241205_ndp_aep_actualizacion_plan_digital_familiar_def. pdf>.

73. Adolescencia Libre de Móviles.

74. Disponible en: <https://www.emerald.com/insight/content/ doi/10.1108/aea-05-2021-0112/full/html>.

75. Disponible en: <https://www.aepd.es/guias/responsabilidades- uso-dispositivos-moviles-centros-docentes.pdf>.

76. Disponible en: <https://intef.es/recursos-educativos/aseguratic/>.

77. Disponible en: <https://www.tudecideseninternet.es/>.

78. Disponible en: <https://www.tudecideseninternet.es/videos/tu- controlas-en-internet>.

79. Harris, T., *The new possible vision of our world beyond crisis*, Cascade Books, 2020.

80. Eyal, N., *Hoocked: how to build Habits-Forning Products*, Nue- va York, Penguin, 2014.

81. Hari, J., *El valor de la atención*, Barcelona, Península, 2023.

82. Zuboff, S., *La era del capitalismo de la vigilancia*, Barcelona, Paidós, 2020.

83. Grau Moracho, J., y Guallar Delgado, J., «El negocio de buscar en internet. Análisis del mercado de los buscadores en 2003», *El profesional de la información*, 13, 4, 2004.

84. «A Brief Guide to the Tumultuous 30-Year History of AOL», *Time*, 2015. Disponible en: <https://time.com/3857628/aol- 1985-history/>.

85. «Amazon at 25: The Story of a Giant», BBC, 2019. Disponible en: <https://www.bbc.com/news/business-48884596>.

86. «The First-Ever Banner Ad on the Web», *The Atlantic*, 2017. Disponible en: <https://www.theatlantic.com/technology/archi- ve/2017/04/the-first-ever-banner-ad-on-the-web/523728/>.

87. Medium, «The Dot-Com Bubble: A Historical Overview», 2024.

88. Patel, M. R., «Customer Acquisition and Retention in E-com- merce Using AI & Machine Learning Techniques», *Journal of Harbin Engineering University*, 44, 8, 2003.

89. Khandelwal, K., Jakhar, T., y Khandelwal, T., «Segmentation,

Targeting and Positioning», *International Research Journal of Engineering and Technology (IRJET) e-ISSN*, 2395-0056, 2020.
90. Brafton, «Sponsored Content: Everything You Need To Know (+ Examples)», 2021. Disponible en: <https://www.brafton.com/blog/content-marketing/sponsored-content/>.
91. IBM, «¿Qué es el marketing digital?», 2024. Disponible en: <https://www.ibm.com/mx-es/think/topics/digital-marketing>.
92. Graham, P., «What Happened to Yahoo». Disponible en: <https://www.paulgraham.com/yahoo.html>.
93. Think with Google, «"Anuncios premium" para llegar a "clientes premium": así duplicó Hoteles Riu sus ventas», 2023. Disponible en: <https://www.thinkwithgoogle.com/intl/es-es/estrategias-de-marketing/automatizacion/hoteles-riu-anuncios-clientes-premium/>.
94. Es interesante leer el siguiente artículo: <https://www.webdesignmuseum.org/web-design-history/google-1998>.
95. Think with Google, «Lecciones importantes para sacar partido al valor del tiempo de vida del cliente».
96. AEPD, «Patrones adictivos en el tratamiento de datos personales», 2024. Disponible en: <https://www.aepd.es/guias/patrones-adictivos-en-tratamiento-de-datos-personales.pdf>.
97. ICO, «Investigation into the Use of Data Analytics in Political Campaigns», 2018. Disponible en: <https://ico.org.uk/media/action-weve-taken/2259371/investigation-into-data-analytics-for-political-purposes-update.pdf>.
98. Medium, «What is Freemium? A Complete Guide». Disponible en: <https://medium.com/@growsolutions/what-is-freemium-a-complete-guide-9963147a5c22>.
99. Welivesecurity, «Monetizacion en redes sociales: tu informacion sí tiene precio», 2014. Disponible en: <https://www.welivesecurity.com/la-es/2014/10/03/monetizacion-redes-sociales-tu-informacion-tiene-precio/>.
100. Corominas, O., Matamoros-Fernández, A., y Rieder, B., «Follow the Money: A large-scale Investigation of Monetization and Optimization on YouTube», The 21st Annual

Conference of the Association of Internet Researchers, 2020. Disponible en: <https://spir.aoir.org/ojs/index.php/spir/article/view/11194/9803>.

101. Vamp, «Your Guide to the TikTok Creator Fund and TikTok Creativity Program». Disponible en: <https://vamp.com/blog/tiktok-creator-fund/>.

102. The Verge, «TikTok's $1 billion Creator Fund is shutting Down». Disponible en: <https://www.theverge.com/2023/11/6/23949290/tiktok-creator-fund-discontinued-monetization-creativity-program>.

103. «Social Media Affects Influencers' Mental Health», *Psychology Today*.

104. Oberlo, «Facebook Ad Revenue (2017-2027)». Disponible en: <https://www.oberlo.com/statistics/facebook-ad-revenue>.

105. «Cambridge Analytica and Facebook: The Scandal and the Fallout So Far», *The New York Times*. Disponible en: <https://www.nytimes.com/2018/04/04/us/politics/cambridge-analytica-scandal-fallout.html>.

106. Véase <https://ico.org.uk/media/action-weve-taken/2259371/investigation-into-data-analytics-for-political-purposes-update.pdf>.

107. «From DVDs to Streaming, Here's the Incredible History of Netflix», *Interesting Engineering*, 2023. Disponible en: <https://interestingengineering.com/culture/the-fascinating-history-of-netflix>.

108. «Stranger Things: así es la estrategia de publicidad con la que Netflix ha llenado la serie de marcas como Lyft y Coca-Cola», Business Insider, 2019. Disponible en: <https://www.businessinsider.es/estrategia-publicidad-netflix-stranger-things-445235>.

109. «The Crown: cómo la serie de Netflix puede dañar la imagen que tienen los jóvenes de la monarquía», BBC, 2022. Disponible en: <https://www.bbc.com/mundo/noticias-63604919>.

110. Patreon, «Creator Fees Overview». Disponible en: <https://support.patreon.com/hc/en-us/articles/11111747095181-Creator-fees-overview>.

111. Wikipedia, «Timeline of Online Video». Disponible en: <https://en.wikipedia.org/wiki/Timeline_of_online_video>.
112. CNET, «Google Announces Android Market for Phone apps», 2008. Disponible en: <https://www.cnet.com/tech/mobile/google-announces-android-market-for-phone-apps/>.
113. «Apple's App Store Launches with More than 500 Apps», 2008. Disponible en: <https://web.archive.org/web/20170401055207/http:/appleinsider.com/articles/08/07/10/apples_app_store_launches_with_more_than_500_apps>.
114. Business of Apps, «In-App Advertising». Disponible en: <https://www.businessofapps.com/guide/in-app-advertising/>.
115. Disponible en: <https://admob.google.com/intl/es-419/home/>.
116. Disponible en: <https://es-es.facebook.com/audiencenetwork/>.
117. The Techylife, «Where Are the Ads on Candy Crush: Exploring Advertising Placement in the Popular Mobile Game», 2023. Disponible en: <https://thetechylife.com/where-are-the-ads-on-candy-crush/>.
118. «Fortnite In-Game Advertising. How does it Work?», 2024. Disponible en: <https://www.adotat.com/2023/01/fortnite-in-game-advertising-how-does-it-work/>.
119. Tomić, N., «Effects of Micro Transactions on Video Games Industry», *Megatrend Review*, 14, 3, 2017.
120. Business of Apps, «Clash of Clans Revenue And Usage Statistics», 2024. Disponible en: <https://www.businessofapps.com/data/clash-of-clans-statistics/>.
121. Pérez Gallardo, E., y Gertrudix-Barrio, F., «Ventajas de la gamificación en el ámbito de la educación formal en España», *Contextos educativos*, 2021. Disponible en: <https://redined.educacion.gob.es/xmlui/bitstream/handle/11162/217217/P %C3 %A9rez.pdf?sequence=1>.
122. Prieto-Andreu, J. M., *et al.*, «View of Gamification, Motivation, and Performance in Education: A Systematic Review», *Educare Electronic Journal*, 26, 1, enero-abril de 2022. Disponible en: <https://www.revistas.una.ac.cr/index.php/EDUCARE/article/view/14016/23680>.

123. Véase <https://ethereum.org/en/developers/docs/dapps/>.
124. Investopedia, «What Is Decentralized Finance (DeFi) and How Does It Work?», 2024. Disponible en: <https://www.investopedia.com/decentralized-finance-defi-5113835>.
125. Véase <https://www.kaspersky.es/eolbrowser>.
126. Véase <https://blog.inmersys.com/espejos-ar-la-fusion-perfecta-entre-tecnologia-y-marketing>.
127. IOT Analytics, «State of IoT 2024: Number of connected IoT devices growing 13 % to 18.8 billion globally». Disponible en: <https://iot-analytics.com/number-connected-iot-devices/>.
128. Véase <https://www.amic.media/media/files/file_352_3500.pdf>.
129. Véase <https://dl.acm.org/doi/fullHtml/10.1145/3586183.3606771>.
130. Véase <https://www.deustoformacion.com/cursos/comercio-marketing/curso-neuromarketing/tecnicas>.
131. Thilagavathy, N., y Kumar, E. P., «Artificial Intelligence on Digital Marketing-An Overview», *Nveo-Natural Volatiles & Essential Oils Journal, NVEO*, 8, 5, 2021, pp.9895-9908.
132. <https://tech.facebook.com/engineering/2021/1/news-feed-ranking/>.
133. Aram, I. A., y Juliana, E. A., «Digitisation and Artificial intelligence in the World of Media», 2024.
134. Super Awesome. Véase <https://www.superawesome.com/blog/kids-digital-media-report-2019-estimates-global-kids-digital-advertising-market-will-be-worth-1-7bn-by-2021/>.
135. Conjura. «Calculating your ROAS: What is a good return on Google, Meta, and TikTok?», 2022. Véase <https://conjura.com/resources/>.
136. Disponible en: <https://learn.khanacademy.org/khan-academy-kids/>.
137. Véase <https://www.khanacademy.org/kids/privacy-policy#how-we-use-the-information-we-collect>.
138. «El Método Duolingo: cinco principios claves para que aprender sea divertido y efectivo». Disponible en: <https://blog.duolingo.com/es/metodo-duolingo-de-aprendizaje/>.

139. Véase <https://www.incibe.es/menores/familias/control-parental/netflix>.

140. Véase <https://www.incibe.es/menores/familias/control-parental/disney>.

141. Disponible en: <https://education.minecraft.net/en-us>.

142. Save the Children, *Derechos sin conexión*. Disponible en: <https://www.savethechildren.es/actualidad/informe-derechos-sin-conexion>.

143. Federal Trade Commission, «FTC Proposes Strengthening Children's Privacy Rule to Further Limit Companies' Ability to Monetize Children's Data», 2023. Disponible en: <https://www.ftc.gov/news-events/news/press-releases/2023/12/ftc-proposes-strengthening-childrens-privacy-rule-further-limit-companies-ability-monetize-childrens>.

144. KOTAKU, «New Study Shows Kids Are Bullied For Not Spending Money In Free-To-Play Games», 2024. Disponible en: <https://kotaku.com/study-fortnite-free-to-play-games-kids-bullied-f2p-1851291618>.

145. *Protecting Children's Data Privacy, POLICY PAPER I, International Issues And Compliance Challenges*, CIPL, 2022. Disponible en: <https://www.informationpolicycentre.com/uploads/5/7/1/0/57104281/cipl_childrens_privacy_policy_paper_i_-_international_issues___compliance_challenges__21_oct_2022_.pdf>.

146. «Fortnite Fined $520 Million For Invading Kids' Privacy And Tricking Players». Disponible en: <https://kotaku.com/fortnite-epic-games-ftc-fine-privacy-refunds-skins-1849910311>.

147. «What keeps children safe online? A reflection on #SaferInternetDay», 2022. Disponible en: <https://defenddigitalme.org/2022/02/09/what-keeps-children-safe-online-a-reflection-on-saferinternetday-2022/>.

148. «ANPD determina la implementación de acciones de regularización y abre expediente sancionador contra la red social TikTok por potencial tratamiento irregular de datos de niños, niñas y adolescentes», 2024. Disponible en: <https://www.gov.br/anpd/

pt-br/assuntos/noticias/anpd-abre-processo-sancionador-e-emi-te-determinacoes-ao-tiktok>.

149. «Children in the Digital Environment: Revised Typology Of Risks», OECD *Digital Economy Papers*, 302, 2021. Disponible en: <https://www.oecd-ilibrary.org/science-and-technology/children-in-the-digital-environment_9b8f222e-en>.

150. «Product Placement: ventajas, inconvenientes y ejemplos», Universidad de Málaga. Disponible en: <https://gradomarketing.uma.es/product-placement-que-es-y-ejemplos/>.

151. Innovative Marketing Strategies for Kids. Osum. Disponible en: <https://blog.osum.com/marketing-strategies-for-kids/>.

152. Comité independiente y no partidista compuesto por más de treinta académicos, legisladores y expertos en Estados Unidos que pasó más de un año estudiando cómo determinadas plataformas digitales tienen impacto en la economía y las leyes antimonopolio, protección de datos, el sistema político y la industria de los medios de comunicación. Disponible en: <https://www.chicagobooth.edu/research/stigler/news-and-media/committee-on-digital-platforms-final-report>.

153. «Epic FTC Settlement and Moving Beyond Long-standing Industry Practices», Epic Games, 2022. Disponible en: <https://www.epicgames.com/site/en-US/news/epic-ftc-settlement-and-moving-beyond-long-standing-industry-practices>.

154. INAI, Instituto Nacional de Transparencia, «Acceso a la información y protección de datos personales». Disponible en: <https://home.inai.org.mx/wp-content/documentos/SalaDePrensa/Comunicados/Comunicado%20INAI-133-22.pdf>.

155. Rega, V., Gioia, F., y Boursier, V., «Problematic Media Use Among Children up to the Age of 10: A Systematic Literature Review», *International Journal of Environmental Research and Public Health*, 20, 10, 2023, p. 5854.

156. Santos, R. M. S., *et al.*, «The associations between screen time and mental health in adolescents: a systematic review», *BMC Psychol*, 11, 127, 2023. Disponible en: <https://link.springer.com/article/10.1186/s40359-023-01166-7>.

157. «White Supremacist Nazi Content Spread on Steam Game Service». Disponible en: <https://www.thestar.com.my/tech/tech-news/2024/11/15/white-supremacist-nazi-content-spread-on-steam-game-service>.

158. Xiao Leon, Y., «Beneath the Label: Unsatisfactory Compliance with ESRB, PEGI and IARC Industry Self-regulation Requiring Loot Box Presence Warning Labels by Video Game Companies», *Royal Society Open Science*, 10, 3, 2003. Disponible en: <http://doi.org/10.1098/rsos.230270>.

159. «Desinformacion y discursos de odio en el entorno digital». Disponible en: <https://www.savethechildren.es/sites/default/files/2024-09/Desinformacion_y_discursos_de_odio_en_el_entorno_digital.pdf?_gl=1*1ujawqu*_up*MQ..*_ga*MjE0NDcwMjUxOC4xNzMxNjcwNjI3*_ga_7HK32SMG8P*MTczMTY3MDYyNi4xLjEuMTczMTY3MDYyNi4wLjAuMTA3NjkwMTQyMA>.

160. «ICO Sets Out Priorities to Protect Children's Privacy online». Disponible en: <https://ico.org.uk/about-the-ico/media-centre/news-and-blogs/2024/04/ico-sets-out-priorities-to-protect-childrens-privacy-online/>.

161. Véase <https://pegi.info/>.

162. ESRB Ratings. Entertainment Software Ratings Board. Disponible en: <https://www.esrb.org/>.

163. IARC calificaciones para juegos del móvil y digitales de International Age Rating Coalition. Disponible en: <https://www.globalratings.com/>.

164. En este tipo de arquitecturas tecnológicas, un proveedor tercero de confianza especializado en realizar verificación de edad es quien realiza las comprobaciones oportunas con el usuario, de manera que al proveedor de la aplicación o servicio solo le llegue un token o credencial que acredita que el usuario supera el umbral de edad requerido, ninguna otra información.

165. Disponible en: <https://www.aepd.es/guias/decalogo-principios-verificacion-edad-proteccion-menores.pdf>.

166. AEPD, «Nota técnica de las pruebas de concepto», 2023.

Disponible en: <https://www.aepd.es/guias/nota-pruebas-concepto-verificacion-edad.pdf>.

167. Disponible en: <https://gataca.io/products/gataca-vouch/>.
168. Ministerio de Transformación Digital y de la Función Pública, «Sistema de verificación de edad para el acceso a contenidos en línea», 2024. Disponible en: <https://digital.gob.es/dam/es/portalmtdfp/especificaciones_tecnicas/2024-06-30_Especificacion_de_Uso_Credencial_de_Mayoria_de_Edad_v1_0.pdf.pdf>

«Para viajar lejos no hay mejor nave que un libro».

EMILY DICKINSON

Gracias por tu lectura de este libro.

En **penguinlibros.club** encontrarás las mejores
recomendaciones de lectura.

Únete a nuestra comunidad y viaja con nosotros.